결혼을 위한 묵상 기도

결혼을 위한 묵상 기도

지은이 | 조정민
초판 발행 | 2025. 12. 17.
등록번호 | 제1988-000080호
등록된 곳 | 서울특별시 용산구 서빙고로65길 38 두란노빌딩
발행처 | 사단법인 두란노서원
영업부 | 2078-3333   FAX | 080-749-3705
출판부 | 2078-3331

책 값은 뒤표지에 있습니다.
ISBN 978-89-531-5236-6   03230

독자의 의견을 기다립니다.
tpress@duranno.com   www.duranno.com

두란노서원은 바울 사도가 3차 전도여행 때 에베소에서 성령 받은 제자들을 따로 세워 하나님의 말씀으로 양육하
던 장소입니다. 사도행전 19장 8-20절의 정신에 따라 첫째 목회자를 돕는 사역과 평신도를 훈련시키는 사역, 둘째
세계선교(TIM)와 문서선교(단행본·잡지) 사역, 셋째 예수문화 및 경배와 찬양 사역, 그리고 가정·상담 사역 등을
감당하고 있습니다. 1980년 12월 22일에 창립된 두란노서원은 주님 오실 때까지 이 사역들을 계속할 것입니다.

결혼을 위한
묵상 기도

조정민 지음

두란노

결혼하지 않겠다고 결심하고 살았습니다. 어머님의 성화가 없었다면 독신으로 지냈을 것입니다. 결혼하고 힘든 시간을 보냈습니다. 3년, 5년이 힘들었고, 10년, 20년도 힘들었습니다. 40년이 넘었지만 여전히 쉽지 않습니다.

후회하고 있을까요? 아닙니다. 결혼하지 않았다면 절대 사람 되지 못했을 것임을 깨달았습니다. 결혼이라는 짐, 가정이라는 부담이 없었다면 책임 있는 인간과는 거리가 멀었을 것입니다. 그래서 감사합니다. 그야말로 다행입니다.

"대가를 지불하지 않는 것은 사랑이 아니다"라고 말합니다. 살아볼수록 깨닫습니다. 희생한 만큼이 사랑입니다. 한 젊은이의 고백이 기억납니다. "결혼해 보니 아흔아홉 가지가 불편합니다. 그러나 나머지 한 가지가 그 아흔아홉 가지보다 값지다는 것을 깨달았습니다." 사랑의 무게가 느껴집니까? 사랑의 능력이 얼마나 대단한지 깨달아집니까?

일생 힘들었던 모든 기억이 선물로 다가옵니다. 그리고 그 선물들을 나누고자 합니다. 이 책은 결혼을 망설이는 사람, 결혼이 힘겨운 사람, 재차 결혼을 생각하는 사람, 그 사람을 사랑하지만 결혼이라는 관문이 편치 않은 사람들을 위한 고언입니다.

아무쪼록 가정이 파편처럼 흩날리는 시대에 이 책의 몇 줄 글에 힘입어 가정을 꿋꿋이 지키고 새롭게 일으켜 세우는 일들이 있기를 기도합니다. 결혼을 앞두고 갈등하는 분들에게도 부족하나마 길잡이 같은 안내 표지가 되기를 바랍니다. 두란노 가족이 이 선물을 전해 주신다니 감사할 따름입니다.

2025년 12월
조정민

Contents

2. 마음을 새롭게 하는 기도

3. 하나로 연합하는 기도

4. 성숙으로 나아가는 기도

5. 위기를 극복하는 기도

6. 스테인드글라스 가정을 만드는 기도

7. 무르익어 가는 기도

8. 천국의 가정에서 드리는 기도

1

만남을 위한 기도

더불어 사는 것이 하나님의 뜻입니다

♣ 묵상

인간은 사랑하는 사람이 행복할 때 진정한 행복과 기쁨을 맛보게끔 디자인되었습니다. 하나님이 우리를 혼자 있게 만들지 않으셨다는 말입니다. 하나님도 삼위일체로서 존재하시며 서로 도우시는데, 하나님의 형상을 따라 창조된 인간도 함께할 배필이 필요하지 않겠습니까? 더불어 사는 것은 인간의 뜻이기에 앞서 하나님의 뜻입니다.

♣ 기도

인생은 원래 혼자라고들 합니다. 결혼해 봐야 뾰족한 수가 없다고 합니다. 내 한 몸 건사하기 힘든데 누굴 책임지겠느냐고 합니다. 결혼, 출산, 육아 같은 것에 얽매이지 말고 자유롭게 사는 것이 쿨하다고 말합니다. 정말 삶은 외로움이 기본값입니까? 불안한 세상에서 홀로 불안하게 살다 가는 것이 인생인 걸까요?

그러나 하나님은 아담이 혼자 있는 것을 보시고 마음 아파하셨습니다. 그래서 하와를 보내 주시고 가정을 이루게 하셨습니다. 제게도 가장 좋은 때에 가장 알맞은 배우자를 보내 주옵소서. 제가 그 배우자를 알아보게 하옵소서. 하나님이 기뻐하실 복의 가정을 꾸릴 수 있도록 인도하여 주옵소서. 어떻게 해야 거룩하고 행복한 가정을 이룰 수 있는지 가르쳐 주옵소서.

예수님의 이름으로 기도합니다. 아멘.

"여호와 하나님이 이르시되

사람이 혼자 사는 것이 좋지 아니하니…"(창 2:18a).

먼저 나를 준비해야 합니다

♣ 묵상

준비가 안 되어 있는데, 좋은 사람을 만나게 해 달라고 기도하는 건 어리석은 욕심입니다. 먼저 하나님을 깊이 알아 가는 시간을 갖는 것이 좋습니다. 하나님과 깊은 교제를 나누면서 혼자 살아도 부족함이 없을 때 비로소 우리가 다른 누군가를 만나서도 잘살수 있습니다.

♣ 기도

결혼한 사람들의 이야기를 들어 보면 한눈에 서로를 알아본다고들 합니다. 생각해 보면 서로를 알아볼 수 있는 것도 어느 정도 준비가 되어 있기 때문이 아닌가 싶습니다. 이기적인 마음으로 꽁꽁 싸여서 타인을 돌아볼 여유가 없다면 어떻게 하나님이 보내 주신 사람을 알아볼 수 있겠습니까?

하나님이 보내 주신 사람을 알아볼 수 있도록 우리의

내면을 사랑으로 가득 채워 주옵소서. 무엇보다 하나님의 사랑을 알게 하여 주옵소서. 하나님을 더욱 깊이 만나는 시간 속에 잠잠히 머물게 하여 주옵소서. 주님 안에서 지극히 충만해질 때, 비로소 다른 사람과의 만남과 관계도 건강하게 맺을 수 있음을 믿습니다. 우리 마음과 생각을 주님께 맡기고 서두르지 않게 하시며, 주님의 때와 인도하심에 순종하게 하옵소서.

예수님의 이름으로 기도합니다. 아멘.

"또 여호와를 기뻐하라

그가 네 마음의 소원을 네게 이루어 주시리로다"(시 37:4).

결혼은 하나님으로부터 시작되었습니다

♣ 묵상

하나님은 태초에 남자와 여자를 만드실 때부터 결혼을 생각하셨습니다. 결혼을 통해 하나님의 가정을 이루어 가게 하셨습니다. 그 가정을 통해 하나님의 모양과 형상을 지키도록 하셨고, 이 땅에서 하나님을 누리도록 하셨습니다. 인간은 본질적으로 공동체를 이루도록 지어졌습니다.

♣ 기도

우리는 결혼을 내가 선택할 수 있는 문제라고 생각합니다. 결혼의 중요성을 의심합니다. 그러다 보니 갈등이 생깁니다. 그러나 가정은 하나님으로부터 시작된 것임을 믿습니다. 하나님이 지으신 우리는 공동체로서 존재해야 하고, 그 공동체의 첫 출발, 첫 단추가 바로 부부로서 결혼하여 가정을 이루는 일이라는 사실을 우리가 먼저 기억하게 하옵소서.

하나님이 인간에게 공동체를 주신 목적은 관계 속에
서 사람됨을 갖추어 가라는 뜻이라고 생각합니다. 부
부가 서로 힘을 합쳐 삶을 공유하고 기쁨을 함께할
때, 존재의 목적과 인간됨의 목적을 깨닫는 순간이
올 것이라고 믿습니다. 결혼을 통해 하나님의 생명력
으로 풍성한 공동체를 세우게 하여 주옵소서. 그 공
동체 안에서 사회 곳곳에 건강한 영향력을 끼칠 수
있는 한 사람으로 성장해 나가게 하옵소서.
예수님의 이름으로 기도합니다. 아멘.

"하나님이 자기 형상 곧 하나님의 형상대로

사람을 창조하시되 남자와 여자를 창조하시고"(창 1:27).

하나님의 형상을 회복하고 있습니까

♣ 묵상

가정은 하나님이 인간에게 주신 첫 번째 제도입니다. 더불어 살아야만 하는 인간을 위해서 허락하신 제도 요 진정한 공동체의 출발입니다. 우리는 가정 공동체를 통해 하나님의 형상을 회복해야 합니다. 타락한 인간의 일그러진 얼굴이 참모습으로 회복될 수 있는 길은 가정 외에 달리 없습니다.

♣ 기도

지금까지 하나님 앞에 삶의 목적과 목표를 놓고 수도 없이 기도했습니다. 그러나 내 삶의 비전과 결혼을 동일선상에 놓고는 기도하지 않았습니다. 하나님은 인간을 지으시고 가장 먼저 결혼 제도를 구상하셨는데, 하나님의 창조 목적은 무시한 채 내 뜻과 욕망을 채우기 위해서만 달려온 것은 아닌지요.

성경을 읽을수록 인간이 이 땅에서 영위하는 모든 기

초가 가정으로부터 출발한다는 것을 깨닫습니다. 가
정에서 부부관계가 바로 세워져야 마땅하다는 사실
을 깨닫습니다.

우리가 하나님의 지으신 모습 그대로를 잘 지켜 나가
게 하옵소서. 하나님의 뜻에 합당한 가정을 꾸리고,
그 안에서 하나님의 형상을 회복하게 하옵소서. 그
명령을 잘 지켜 나갈 때 인간이 이 땅에서 경험할 수
있는 가장 큰 기쁨을 누리게 될 줄로 믿습니다.

예수님의 이름으로 기도합니다. 아멘.

"… 생육하고 번성하여 땅에 충만하라, 땅을 정복하라,

바다의 물고기와 하늘의 새와 땅에 움직이는 모든 생물을

다스리라 하시니라"(창 1:28b).

결혼은 복된 선물입니다

♣ 묵상

죄인 된 인간에게 결혼이란 그리스도 안에서 의로움으로 살아갈 기회입니다. 따라서 결혼은 하나님의 복된 선물입니다. 그런데 요즘은 그 의미를 놓친 채 살아갑니다. 가정이라는 보금자리를 박차버린 채 세상은 파국을 향해 질주하는 것만 같습니다.

♣ 기도

사람들은 나를 위해 결혼하려고 합니다. 자기만족이 삶의 기준이요 행복이라고 믿으니 더욱 그렇습니다. 그러나 나를 기쁘게 하는 것은 끝이 없습니다. 그것은 죄인들의 삶의 목적입니다. 잠깐이야 기쁠 수 있겠지만, 곧 허무함이 찾아옵니다. 그러니 결혼하고도 금세 못하겠다고 두 손 두 발 들고 이혼 도장을 찍습니다.

하나님, 우리가 진짜 결혼의 의미를 깨닫기를 원합니

다. 서로 다른 두 사람이 만나 한 가정을 이루는 것이 쉬운 일이겠습니까? 그럼에도 하나님이 우리를 사랑하게 하셨습니다. 가정을 통해 사랑을 실천하게 하셨습니다. 내 행복, 나만의 만족이 아니라 내가 사랑하는 사람의 행복을 위해 결혼하게 하옵소서. 그럴 때 인생의 참된 만족과 행복을 누리게 될 것이라고 믿습니다.

예수님의 이름으로 기도합니다. 아멘.

"사랑하는 자들아 우리가 서로 사랑하자

사랑은 하나님께 속한 것이니 사랑하는 자마다

하나님으로부터 나서 하나님을 알고"(요일 4:7).

가정은 성숙을 경험하는 안전지대입니다

♣ 묵상

가정은 인간이 참다운 사람, 진정한 어른으로의 성숙과 놀라운 변화를 경험하는 안전지대입니다. 가정은 벌거벗었으나 부끄러워하지 않는 유일한 곳입니다. 가정은 상대방의 허물을 들추어내지 않고 가려 주는 곳이기 때문입니다.

♣ 기도

누군가는 이렇게 질문할지 모르겠습니다. "결혼이 하나님의 복된 선물인데도 어째서 그게 우리에게 멍에나 굴레처럼 느껴지는 것일까요?" "고통스러운 시간, 비명을 지르는 시간처럼 보이는 것일까요?" 그러나 하나님, 쉽지 않기 때문에 더 가치가 있는 것이요, 그 길이 하나님을 닮아 가는 길이요, 참 어른이 되는 길이라는 사실을 우리가 깨닫기 원합니다. 조삼모사(朝三暮四)의 어리석은 길을 가지 않게 하옵소서.

물론 결혼하지 않는다고 하여 성장하지 않겠습니까? 그러나 세상에서 구르고 깨지는 것보다야 사랑하는 사람이 있는 가정이라는 테두리 안에서 성장하는 것이 낫지 않겠습니까? 과거 어른들이 흔히 "결혼해야 철든다" "애를 낳아 봐야 어른 된다"는 말들을 했습니다. 어릴 때는 그런 말을 흘려들었지만, 나이가 먹고 보니 깨닫는 것들이 있습니다. 조금 더 어른다운 어른으로 성장하기 원합니다. 하나님이 원하시는 수준으로까지 성숙하고 변화하게 하옵소서.

예수님의 이름으로 기도합니다. 아멘.

"사랑 안에 두려움이 없고

온전한 사랑이 두려움을 내쫓나니…"(요일 4:18a).

돕는 자가 필요합니다

♣ 묵상

"혼자 사는 것이 좋지 않다"라고 말씀하시는 이유는 단순히 '외로워서'가 아닙니다. 사람은 누구든 도움이 필요한 존재라는 말입니다. 서로 판이한 남자와 여자가 도움을 주고받으며 더불어 하나 되어 살게 하신 것은 하나님의 신비입니다. 도저히 하나 될 수 없는 두 사람이 하나 되는 것은 기적 중의 기적입니다.

♣ 기도

오늘날 인간의 생각은 계속해서 하나님의 창조 원리를 거슬러 가는 것 같습니다. 실수나 부족함을 용납하지 못합니다. 어려움이 있어도 스스로 능히 극복해야 한다고 합니다. 그러다 보니 삶이 버겁게 느껴집니다. 다들 완벽하게 살아가는데 나 혼자만 실패자의 길을 가는 것 같습니다.

하나님, 우리는 완벽하지 않습니다. 도움이 필요합니

다. 사람은 홀로가 아니라 둘일 때 더욱 아름답다는 사실을 기억하게 하옵소서. 인간은 내 욕망을 채우기 위해서가 아니라, 누군가를 돕는 존재로 창조되었다는 사실을 인정하게 하옵소서. 교만을 버리고 순종함으로 마땅히 만날 이를 만나게 하옵소서. 하나님도 삼위일체로서 하나이신 것처럼, 나 또한 배우자를 만나 돕는 자로서 존재하게 하여 주옵소서.

예수님의 이름으로 기도합니다. 아멘.

"… 거룩하신 아버지여 내게 주신 아버지의 이름으로

그들을 보전하사 우리와 같이

그들도 하나가 되게 하옵소서"(요 17:11b).

Day 8

둘이 함께 힘을 합쳐 해낼 일이 있습니다

♣ 묵상

하나님은 사람 혼자서는 심심하고 외로울 테니 말동무를 붙여 주겠다고 하시지 않고, '돕는 배필', 곧 '돕는 짝'을 지어 주겠다고 하셨습니다. 이것은 혼자서는 할 수 없는 일을 둘이 힘을 합쳐 함께 해내라는 배려의 메시지입니다. 둘이 서로 고집부리면 할 수 있는 일이 없고, 둘이 하나 되면 못할 일이 없습니다.

♣ 기도

누군가를 도와야 한다고 말하면 우리는 "내가 왜 타인을 위해 희생해야 합니까?"라고 되묻습니다. 결혼을 두고 밑지는 장사라고도 말합니다. 투자 대비 가성비가 떨어진다는 것입니다.

하나님이 여자를 '돕는 자'로 지으셨다고 했는데, 이 의미를 깊이 깨닫기를 원합니다. 하나님이 주신 '돕는 자'의 능력을 내 소견에 옳은 대로 잘못 해석하지 않게 하옵소서. 하나님이 주신 능력으로 배우자를 위해 사용하는 것이 곧 창조의 원리임을 알아 가게 하옵소서. 결혼생활은 이기고 지는 파워게임이나 권력다툼이 아님을 우리가 몸소 실천하기를 원합니다. 주님의 사랑을 실천하고 사랑의 열매를 풍성히 맺도록 하옵소서. 사랑 가운데 모든 것이 선한 질서를 이루어 가게 하옵소서.

예수님의 이름으로 기도합니다. 아멘.

"… 내가 그를 위하여 돕는 배필을

지으리라 하시니라"(창 2:18b).

배우자 덕분에 사람다운 사람이 됩니다

♣ 묵상

결혼은 퍼즐 맞추기의 시작입니다. 타락한 세상에서 남자와 여자가 가정을 이룬다는 것은 한 인간이 자기 일부를 되찾음으로써 온전함을 이루는 과정에 들어 간다는 의미입니다. 아담의 옆구리에서 취한 것으로 하와를 만드신 까닭이지요. 즉 하나님은 남자와 여자가 부부가 됨으로써 한 인간으로 완성되어 가도록 퍼즐을 만드셨다는 뜻입니다.

♣ 기도

지금껏 혼자 지낼 때는 어려움이 없었습니다. 혼자가 편할 때도 있었습니다. 그런데 결혼을 생각하니 두려움이 앞섭니다. 희생과 헌신은 어리석은 일처럼 느껴집니다. 섬기기는 싫고 섬김을 받고만 싶습니다.

그러나 상대방의 부족함을 발견하기 전에 내 부족함을 먼저 보게 하옵소서. 그 부족함을 서로 채워 완전한 하나로 만드는 것이 하나님이 설계하신 결혼임을 믿습니다. 상대의 단점보다는 장점을 보게 하시고, 단점마저도 끌어안을 수 있는 용기를 주옵소서. 우리의 부족함을 채우시는 분은 하나님이심을 믿습니다. 하나님의 은혜를 기대합니다.

예수님의 이름으로 기도합니다. 아멘.

"이는 여자가 남자에게서 난 것같이

남자도 여자로 말미암아 났음이라

그리고 모든 것은 하나님에게서 났느니라"(고전 11:12).

누가 나의 배우자입니까

♣ 묵상

상대방의 빛나는 부분만이 아니라 어두운 면까지도 볼 수 있어야 합니다. 내 아픔과 상처도 거짓 없이 솔직하게 드러낼 수 있어야 합니다. 그랬는데도 그 사람과 결혼해야겠다는 생각이 든다면, 그가 하나님이 예비하신 나의 배필입니다. 돕는 배필은 결코 배우자의 허물을 탓하지 않기 때문입니다.

♣ 기도

세상의 반은 남자요 반은 여자라는데, 내 사람은 보이지 않습니다. 혹시 내 욕심과 욕망 때문에 하나님이 보내 주신 사람을 못 알아보는 건 아닐까요? 내 아픔과 상처가 방해물이 되는 건 아닐까요? 행여 나의 못남 때문에 모든 것을 망칠까 봐 두렵습니다.

먼저 내 내면을 들여다보게 하옵소서. 상처 난 곳이 있으면 싸매 주시고, 고장 난 곳이 있으면 고쳐 주옵소서. 하나님이 예비하신 내 미래의 배우자에게도 상한 마음이 있다면 치료하시고 어루만져 주옵소서. 우리에게 서로를 알아보는 눈을 주시고, 서로를 보듬을 수 있는 사랑의 마음을 부어 주옵소서. 깨진 유리조각들이라도 하나님의 손에 붙들리면 아름답게 빛나는 스테인드글라스가 될 것을 믿습니다.

예수님의 이름으로 기도합니다. 아멘.

"아담이 이르되 이는 내 뼈 중의 뼈요 살 중의 살이라…"(창 2:23a).

진짜 연애는 올인해야 돼요.

내가 무엇 때문에 이 사람과 사귀어야 하는지

한번 생각하고 연애해야 돼요.

그냥 느낌이 좋아서?

그 느낌은 곧 바뀝니다.

예뻐서?

얼굴 금방 가요.

내 안에 그리스도의 사랑이 차오르기 시작하면

그런 관점에서 사랑하면,

비로소 진짜 연애가 시작됩니다.

평생 연애할 수 있어요.

Day 11

나란히 동행하라고 갈빗대를 취하셨습니다

♣ 묵상

하나님은 아담을 깊이 잠들게 하시고, 그의 갈빗대를 하나 취해 여자를 만드셨습니다(창 2:21-22). 발가락 뼈도, 머리뼈도 아닙니다. 옆구리에서 갈빗대를 취하셨다는 것이 의미심장합니다. 옆에서 나란히 동행하는 관계로 지으셨다는 뜻이기 때문입니다. 남자도 여자도 어느 쪽도 상위가 아니고 하위도 아닙니다. 진실로 대등합니다.

♣ 기도

우리는 흔히 '이기는 삶'을 가정에서도 대입하려고 합니다. 배우자를 만나 사랑을 실천하기는커녕 기싸움을 하고 주도권 다툼을 합니다. 그러니 가정이 남아날 수 있겠습니까? 안 그래도 버거운 세상에서 배우자에게서조차 위로를 받지 못하면 우리는 어디에서 위로받을 수 있겠습니까?

하나님이 설계하신 결혼은 그런 것이 아니라는 사실을 우리가 깨닫게 하옵소서. 결혼이란 배우자와 함께 힘을 합쳐 동행하는 여정임을 알기 원합니다. 우리가 서로를 지배하거나 뒤에 세우지 않게 하옵소서. 서로를 통해 주님의 형상을 더 깊이 배우게 하시고, 힘겨운 순간에도 함께 손을 잡고 거친 파도를 헤쳐 나가게 하옵소서. 험한 세상 속에서 서로의 피난처가 되게 하옵소서. 매 순간 서로를 귀히 여기며 주님이 예비하신 아름다운 연합을 이루어 가게 하옵소서.

예수님의 이름으로 기도합니다. 아멘.

"여호와 하나님이 아담에게서 취하신

그 갈빗대로 여자를 만드시고

그를 아담에게로 이끌어 오시니"(창 2:22).

Day 12

아빠 엄마 찬스는 그만 씁시다

♣ 묵상

독립된 존재가 되려면, 먼저 자기 부모를 떠나야 합니다. 아빠 찬스, 엄마 찬스만 쓰려고 하다가 정작 자신은 제대로 된 아빠, 엄마가 되지 못할 수 있습니다. 아들 찬스, 딸 찬스에 매달리는 부모로부터도 떠나야 합니다. 부모를 진실로 사랑하고 섬기는 것도 떠나서 독립해야 가능합니다.

♣ 기도

지금껏 살아온 가정, 부모의 슬하를 떠난다는 것이 쉽지 않습니다. 자칫 불효하는 것처럼 느껴지기도 합니다. 힘든 일이 생기면 스스로 해결하려고 하기보다 부모를 의지했던 어린 시절의 습관대로 하는 경우가 많습니다. 한 걸음 더 성숙의 길로 나아가는 과정을 자연스럽게 인정하고 받아들일 수 있는 힘을 주옵소서. 부모에게서 건강하게 떠나 우리 인생을 책임감 있게 살도록 도와주옵소서.

제 삶을 더욱 주체적으로 꾸려 가게 하옵소서. 주님 안에서 올바른 판단과 지혜를 구하며 살아가게 하옵소서. 지금까지 말하는 것과 생각하는 것과 깨닫는 것이 어린아이와 같았을지라도, 이제는 그 어린아이의 일을 버리고 장성한 주님의 자녀로 홀로 설 수 있도록 변화시켜 주옵소서. 그럴 때에 주님이 허락하신 가정을 끝까지 책임질 수 있는 책임감 있는 사람으로 온전히 세워질 것이라 믿습니다.

예수님의 이름으로 기도합니다. 아멘.

"남자가 부모를 떠나 그의 아내와 합하여

둘이 한 몸을 이룰지로다"(창 2:24)

재정적으로 독립해야 합니다

♣ 묵상

부모를 떠나라는 것은 부모와 척지거나 원수지간이
되라는 뜻이 아닙니다. 재정적으로나 정신적으로나
완전한 독립을 이루라는 말입니다. 때가 되어도 도
움에서 벗어나지 않으면 도움이 곧 독입니다. 성인이
되어서도 부모 도움으로 사는 사람은 누구를 만나도
독립된 가정을 이룰 수 없습니다.

♣ 기도

요즘은 결혼도 부모의 도움을 받아 하려는 사람이 많
습니다. 스스로 번 돈으로는 집을 마련하는 것조차
불가능해 보이는 시대입니다. 자식을 낳아도 부부 둘
이서는 책임지기가 어렵습니다. 맞벌이로 직장생활
을 해야 하니 자연스럽게 자식을 부모에게 맡겨야 하
는 상황이 생깁니다.

그러나 주님, 우리가 어떤 결정을 하든 주님의 지혜

로 하게 하옵소서. 세상이 말하는 흐름을 당연하게 받아들이지 않게 하옵소서. 이 가정을 이끌어 가야 하는 사람은 저와 제 배우자라는 사실을 반드시 기억하게 하옵소서. 부모의 도움을 구하기 전에 먼저 하나님을 의지하기 원합니다. 우리의 부족함과 모든 필요를 아시는 하나님, 상황의 문을 여시고 넉넉히 채워 주옵소서. 비록 부족한 것이 현실일지라도 부족함이 없다고 날마다 선포하게 하옵소서. 모든 것이 합력하여 선을 이루게 하실 하나님을 믿습니다.

예수님의 이름으로 기도합니다. 아멘.

"너는 마음을 다하여 여호와를 신뢰하고

네 명철을 의지하지 말라 너는 범사에 그를 인정하라

그리하면 네 길을 지도하시리라"(잠 3:5-6).

신앙의 모습보다 인격을 보아야 합니다

♣ 묵상

배우자 감에게서 무엇을 봐야 할지 지혜를 구해야 합니다. 겉으로 보이는 모습은 믿을 만한 게 별로 없습니다. 그의 인격을 보십시오. 평소에 거짓말을 하나 안 하나 살피십시오. 열정이 있는지, 꿈이 있는지를 보십시오. 곧은 나무는 계속해서 위로 자라지만 굽은 나무는 자랄수록 볼품이 없습니다. 신앙은 하나님 앞에 정직한 삶입니다.

♣ 기도

우리는 안목의 정욕에 쉽게 넘어집니다. 배우자를 위해 기도하면서 키, 외모, 연봉, 집안 형편 등을 고려하고 따집니다. 신앙을 기준으로 삼는다면서도 내면을 보기보다 교회에서의 직분과 리더십을 더 중요하게 생각합니다. 그렇게 만나 결혼하니 배우자의 허물을 덮어 줄 생각을 못 합니다.

무엇보다 우리가 겸손한 마음으로 배우자를 위해 기
도하게 하옵소서. 세상의 기준, 겉으로 드러나는 조
건과 모습이 아닌, 하나님의 시선으로 분별할 수 있
는 지혜를 주옵소서. 사람의 말과 포장된 겉모양이
아니라 겸손히 하나님 앞에 서 있는 모습을 보게 하
옵소서. 거짓 없이 정직하게 살아가려는 마음을 귀하
게 여길 줄 알게 하옵소서. 순간의 감정이 아닌 진리
위에 선택할 수 있도록 인도해 주옵소서.
예수님의 이름으로 기도합니다. 아멘.

"거짓 입술은 여호와께 미움을 받아도

진실하게 행하는 자는 그의 기뻐하심을 받느니라"(잠 12:22).

함께 하나님의 뜻을 이룰 사람을 만나세요

♣ 묵상

배우자를 놓고 기도할 때는 어떤 사람을 만나게 해 달라고 할 것이 아니라, 그를 통해 하나님의 뜻을 이룰 수 있게 해 달라고 기도해야 합니다. 그러면 하나님이 두 사람에게 동일한 마음을 주실 것입니다. 먼저 하나님의 나라와 그 뜻을 구하는 것이야말로 좋은 배우자를 만나는 지름길입니다.

♣ 기도

지금껏 배우자를 위해 기도한다고 하면서 내 욕심과 욕망을 채울 생각만 했습니다. 나를 위해 헌신해 줄 사람, 나를 행복하게 해줄 사람, 나를 높여 주고 떠받들어 줄 사람만을 구했습니다. 이 어리석음을 용서하여 주옵소서.

배우자를 위해 기도할 때 내가 원하는 조건과 기준보다 먼저 하나님의 뜻을 구하게 하옵소서. 결혼이 하나님으로부터 시작되었고, 가정을 꾸리는 것이 창조의 원리라면, 그 안에 하나님의 계획과 뜻이 반드시 있음을 알게 하여 주옵소서. 아울러 내게 예비된 배우자에게도 동일한 마음을 허락하여 주옵소서. 우리의 만남이 세상이 주는 우연한 사건이 아니라 하나님이 주신 사명적 만남임을 확신하게 하옵소서. 서로의 부족함보다는 주님의 은혜를 더욱 크게 보게 하시고, 우리의 동행이 주님의 뜻을 이루는 길이 되게 하옵소서.

예수님의 이름으로 기도합니다. 아멘.

"이제 인내와 위로의 하나님이 너희로 그리스도 예수를 본받아

서로 뜻이 같게 하여 주사 한마음과 한 입으로 하나님 곧

우리 주 예수 그리스도의 아버지께 영광을 돌리게 하려 하노라"(롬 15:5-6).

Day 16

믿지 않는 사람과 결혼하려고 합니까

♣ 묵상

믿지 않는 사람과 결혼해야겠다면, 한 영혼을 구원하기 위해서는 자기 목숨을 내놓을 정도의 결단이 있어야만 한다는 사실을 기억해야 합니다. 한마디로 순교를 무릅쓰고 가는 겁니다. 내 생명 가져가지고 이 사람 구원해 달라는 마음이 있어야 반드시 거치게 될 고난의 시간을 견딥니다.

♣ 기도

사랑하는 사람을 만났는데 그 사람에게 신앙이 없습니다. 그와의 관계를 계속 이어 나가는 것이 맞는지, 아니면 헤어지는 것이 맞는지 헷갈립니다. 내 욕망을 따라 결정하지 않도록 하옵소서. 근심하는 마음을 주께서 살펴 주옵소서.

결혼은 두 사람이 한마음으로 하나님의 원대한 꿈을 이루어 가는 과정이라고 했습니다. 그렇다면 어떡하든 그에게 복음이 들어가야만 한다는 것을 잊지 않게 하옵소서. 내가 주님의 형상을 나타내 그에게 복음을 전할 수 있게 하옵소서. 모든 사탄의 결박을 끊어 주옵소서. 순교적 사랑과 인내를 부어 주옵소서. 때로 외롭고 힘들더라도 주님을 붙드는 믿음이 흔들리지 않게 지켜 주옵소서. 모든 선택과 결단이 주님 영광 드러내는 과정이 되게 하옵소서. 사랑하는 그 영혼이 주님을 만나 평강 가운데 거하는 날까지 포기하지 않는 은혜와 힘을 허락하여 주옵소서.

예수님의 이름으로 기도합니다. 아멘.

"사람이 친구를 위하여 자기 목숨을 버리면

이보다 더 큰 사랑이 없나니"(요 15:13).

예수님을 만나면 됩니다

♣ 묵상

믿지 않는 사람과 결혼해도 될지 가늠할 기준은 그가 나의 믿음을 존중하는가입니다. 배우자에게 믿음을 불어넣을 수 있다는 건 대단한 선물입니다. 모르긴 몰라도, 그 사람은 당신을 만난 것보다 예수님 만난 걸 더 기뻐할 것입니다. 예수님 만나서 나보다 예수님 더 사랑하게 되는 것, 그것이 믿음 없는 사람과 결혼하는 목적입니다. 그럴 때 그 결혼을 끝까지 완주하게 됩니다.

♣ 기도

한 영혼의 구원을 하나님은 무엇보다 기뻐하십니다. 그러나 그것은 오직 하나님의 때에 하나님이 이루실 일임을 믿습니다. 다만 내가 해야 할 일은 배우자를 위해 기도를 쉬지 않는 것입니다. 성경의 원리를 배워 배우자를 대하고 사랑하게 하옵소서. 내 욕심을 앞세우지 않고 그를 더 높여 주게 하옵소서.

어떤 결혼이든 쉬운 길이 있겠습니까? 그러나 그 쉽지 않은 길을 함께 통과했을 때 주님이 주시는 영광이 있을 것이라 믿습니다. 우리가 가는 이 길이 쉽지 않을지라도 두 사람 모두가 주님의 손 안에서 성장하기를 원합니다. 서로에게 신앙의 등불이 되게 하옵소서. 우리의 결혼이 단순한 동행을 넘어 구원으로 향하는 길이 되게 하옵소서. 예수님을 만나는 참된 기쁨이 우리의 가정에 가득 채워지길 원합니다.

예수님의 이름으로 기도합니다. 아멘.

"아무 일에든지 다툼이나 허영으로 하지 말고

오직 겸손한 마음으로 각각 자기보다 남을 낫게 여기고"(빌 2:3).

독신의 은사든 아니든 하나님께 맡기십시오

♣ 묵상

독신의 은사가 있는 것 같으면, 그렇게 지내십시오. 그냥 홀로 지내도 괜찮습니다. 그러나 "저 사람과 평생 같이 살아야겠다"라는 마음이 든다면, 결혼하십시오. 음행하며 살 바에는 결혼해야 합니다. 독신으로 살면서 더 많은 죄를 짓는다면 독신은 은사가 아닙니다. 하나님을 믿고 결혼하십시오!

♣ 기도

세상은 결혼을 두고 이렇다 저렇다 말이 많습니다. 어른들은 결혼에는 적령기가 있고, 너무 늦지 않게 해야 출산과 육아에 무리가 없다고 하지만, 정작 미혼 남녀는 적당한 사람이 찾아와 주지 않으니 아직 결혼할 때가 아니라고 생각합니다.

하나님과 함께 오늘을 살아가고 있다면 결혼이 대수 겠습니까? 독신으로 부름받았으면 독신으로서 하나님과 함께 살고, 결혼하라 하셨으면 결혼하여 하나님과 함께 살면 되는 것 아니겠습니까? 다만 우리의 욕심으로 하나님이 주신 기회를 놓치지 않기를 원합니다. 바울의 가르침처럼 음행으로 넘어지지 않게 하시고, 그전에 갈 길을 밝히 보여 주옵소서. 모든 과정을 하나님께 맡겨 드립니다. 조급한 마음과 나의 욕심을 내려놓고, 하나님의 이끄심에 순종하기를 원합니다. 예수님의 이름으로 기도합니다. 아멘.

"음행을 피하기 위하여 남자마다 자기 아내를 두고

여자마다 자기 남편을 두라"(고전 7:2).

내가 하나님 안에서

하나의 인격체로 온전히 설 수 있을 때가

바로 예비하신 배우자를 만나는

최적의 타이밍입니다.

Q

성품, 관계, 재정 등 하나님이

나를 다루시는 부분이 있습니까?

이 과정이 하나님이 예비하신 배우자를

만나기 위한 것이라고 느껴집니까?

memo

2

마음을 새롭게 하는 기도

하나님이 내게 위탁 관리를 맡기셨습니다

♣ 묵상

내게 허락된 가정은 하나님이 내게 위탁 관리를 맡기신 것입니다. 언젠가 주신 것보다 더 아름답게 가꾸어 돌려드려야 하지 않겠습니까? 이런 마음으로 결혼생활한다면 가정은 부담이 아닙니다. 도리어 가정은 내게 주어진 특권입니다. 세상 무엇보다 큰 기쁨이고 보람입니다.

♣ 기도

우리 사회에서 가정의 의미가 많이 무너지고 있습니다. "결혼은 해도 후회, 안 해도 후회"라고들 말합니다. 그러나 그것은 사실이 아니라고 믿습니다. 가정을 세우는 일은 사람이 시작한 것이 아니요, 하나님의 의도와 목적이 있음을 믿습니다.

하나님은 후회하시는 분이 아닙니다. 하나님은 사랑하는 자녀에게 가장 좋은 것을 주시는 분입니다. 그런 분의 선물이 가정이라면, 저 또한 진지하고 무겁게 가정을 대하겠습니다. 비록 우리의 육체는 세상에 있지만, 그 안에서 하나님이 세우신 가정의 진정한 의미를 발견하게 하옵소서. 하나님이 맡기신 가정이라는 테두리에서 맡은 바 책임을 다하게 하옵소서. 그리고 그 책임이 곧 특권임을 깨닫게 하옵소서. 하나님 손에 모든 것을 맡겨 드리는 인생이 되기를 바랍니다. 하나님이 우리 가정을 온전히 책임져 주시고 다스려 주실 줄 믿습니다.

예수님의 이름으로 기도합니다. 아멘.

"네 집 안방에 있는 네 아내는 결실한 포도나무 같으며

네 식탁에 둘러 앉은 자식들은 어린 감람나무 같으리로다

여호와를 경외하는 자는 이같이 복을 얻으리로다"(시 128:3-4).

타인을 사랑할 때 행복을 누립니다

♣ 묵상

인간은 타인을 배려하고 사랑하며 섬길 때 기쁨과 만족과 행복을 누리는 존재입니다. 이것이 인간의 기본값입니다. 그런데 그 기본값이 죄악으로 깨진 채로 결혼제도를 작동시키려니까 갈수록 더 불행해질 수밖에 없습니다. 이 기본값을 복원하는 구원이 결혼보다 먼저인 까닭입니다.

♣ 기도

배려할 줄 모르는 시대, 낮아질 줄 모르는 시대를 살아갑니다. 그런 채로 누군가를 사랑한다는 말은 어불성설입니다. 마치 어린아이가 어른인 척하며 왕 놀이를 하는 것만 같습니다. 혹시 내가 사랑하겠다면서 사랑받으려고만 하고, 왜 나를 사랑하지 않느냐고 윽박지르고 있지는 않았는지 돌아봅니다. 겸손하지 못하고 순종하지 못했던 저를 용서하여 주옵소서.

사랑하는 사람을 배려하고 섬길 수 있는 성숙한 주님의 자녀가 되게 하여 주옵소서. 저의 연약함과 이기심을 내려놓고 주님의 사랑으로 사랑할 수 있게 하여 주옵소서. 우리의 마음을 고치시고, 깨어진 곳을 회복하시며, 사랑의 본래 자리로 이끄실 주님을 신뢰합니다. 오늘도 주님의 사랑으로 우리 안의 죄 된 본성을 이기게 하시고, 주님 안에서 누리는 참된 행복을 경험하게 하옵소서.

예수님의 이름으로 기도합니다. 아멘.

"모든 겸손과 온유로 하고 오래 참음으로 사랑 가운데서

서로 용납하고 평안의 매는 줄로

성령이 하나 되게 하신 것을 힘써 지키라"(엡 4:2-3).

Day 21

가정의 원동력은 사랑입니다

♣ 묵상

가정을 완성시키는 원동력이 무엇입니까? 사랑입니다. 사랑이 아니고는 무엇으로도 가정을 행복하게 하거나 완성에 이르도록 할 수 없습니다. 사랑 없이는 가정 안의 그 무엇도 참된 만족과 기쁨을 안겨주지 못합니다. 사랑의 대체제로 가정은 지켜지지 않습니다. 결혼은 사랑으로 충분합니다.

♣ 기도

사랑의 반대말은 미움이 아니라 권력입니다. 세상의 원리인 돈과 권력의 질서, 자본주의의 질서가 우리 가정을 틈타지 않게 하여 주옵소서. 주님의 사랑으로 이 가정을 다스려 주옵소서. 세상은 가진 게 더 많은 사람, 지위가 높은 사람이 그렇지 않은 자를 업신여기고 무시합니다. 혹시라도 제가 배우자를 자본주의의 기준으로 판단하지 않게 하여 주옵소서.

주님의 사랑은 모든 허물을 덮어 주는 사랑입니다. 오래 참고 믿고 바라며 견디는 사랑입니다. 작은 자와 낮은 자를 섬기는 사랑입니다. 우리 가정이 주님의 사랑을 본받게 하옵소서. 서로를 존중하고 섬기며, 작은 일에도 감사하게 하옵소서. 말과 행동에서 사랑이 흐르게 하옵소서. 그럴 때에 우리 가정이 주님의 사랑의 통로가 되어 세상 속에서도 소금과 빛의 역할을 감당하게 될 것이라 믿습니다.

예수님의 이름으로 기도합니다. 아멘.

"사랑은 오래 참고 사랑은 온유하며…

모든 것을 참으며 모든 것을 믿으며 모든 것을 바라며

모든 것을 견디느니라"(고전 13:4-7).

아가페 사랑을 수혈받아야 합니다

♣ 묵상

"결혼은 사랑으로 충분하다"라고 말할 때, 그 사랑은 '아가페'입니다. 조건부 사랑이 아니라 무조건적인 사랑입니다. 그 사랑은 끝까지 사랑하겠다는 의지입니다. 문제는 아가페 사랑이 우리 안에 없다는 것입니다. 우리에게는 누군가를 그렇게 사랑할 능력이 없습니다. 그리스도의 사랑을 수혈받아야만 비로소 사랑할 수 있습니다.

♣ 기도

우리가 기대할 사랑은 주님의 사랑뿐임을 고백합니다. 우리가 서로를 사랑하기 전에 먼저 주님의 사랑을 경험하게 하옵소서. 그리스도의 사랑을 받지 않고서는 우리는 누구도 사랑할 수 없는 존재라는 사실을 인정하게 하옵소서. 상대가 부족해서가 아니라, 제가 사랑할 능력이 없다는 사실을 먼저 보게 하시고, 주님 앞에서 겸손히 낮아지게 하옵소서.

주님의 한없으신 사랑, 십자가에서 흘리신 보혈을 수혈받아 그 사랑으로 배우자를 사랑하게 하옵소서. 그리스도의 사랑으로 섬길 때에만이 참된 변화가 일어남을 믿습니다. 그럴 때에야 비로소 이 가정이 사랑으로 완성됨을 믿습니다.

예수님의 이름으로 기도합니다. 아멘.

"그러므로 사랑을 받는 자녀같이 너희는 하나님을 본받는 자가 되고

그리스도께서 너희를 사랑하신 것같이

너희도 사랑 가운데서 행하라…"(엡 5:1-2a).

Day 23

사랑만이 진정한 능력입니다

♣ 묵상

그가 내게로 와서 나와 결혼해 준 것만으로도 감사해야 합니다. 그것이 아가페의 사랑입니다. 자기 내면을 냉철하게 살펴보십시오. 내가 얼마나 사랑할 줄 모르는 사람인지, 내가 얼마나 이기적인 사람인지를 깨닫게 될 것입니다. 대단히 유능한 사람일지라도 그 안에 사랑이 없다면 무능한 사람입니다. 사랑만이 진정한 능력입니다.

♣ 기도

구원받을 자격 없는 제가 구원받은 것은 전적으로 주님의 사랑 때문입니다. 사랑받을 가치가 없는 제가 주님께 분에 넘치는 사랑을 받았습니다. 주님이 제게 보내 주신 사람을 십자가 사랑으로 사랑하게 하옵소서. 그의 허물을 덮어 줄 수 있는 참된 사랑을 하게 하여 주옵소서.

사랑을 하면 할수록 나는 날마다 죽고 그리스도로 살아야 한다는 것을 깨닫습니다. 선 줄로 생각하였다가 넘어질까 두렵습니다. 제 힘으로는 단 하루도 사랑할 수 없으니 늘 주님만 의지합니다. 언제나 출발점을 잘 점검하여 주님의 사랑이 아니고는 끝내 이 과정을 완성하지 못한다는 것을 기억하게 하옵소서. 제가 누군가에게 선택받았다는 사실, 가정을 이루게 하셨다는 사실만으로도 감사하게 하옵소서. 사랑하는 사람과 함께 믿음의 경주를 완주하게 하옵소서.

예수님의 이름으로 기도합니다. 아멘.

"나는 포도나무요 너희는 가지라 그가 내 안에,

내가 그 안에 거하면 사람이 열매를 많이 맺나니

나를 떠나서는 너희가 아무 것도 할 수 없음이라"(요 15:5).

사랑은 버티는 힘입니다

♣ 묵상

이 어렵고 힘든 시대를 살아가는 우리에게 사랑은 버티는 힘입니다. 사랑하는 사람이 있으면, 견딜 만합니다. 그 사람 때문에 오래 참고 모든 것을 참고 끝까지 견딥니다. 먼저 주님의 사랑받는 자가 되기를 축복합니다. 그리하여 그 사람을 사랑하는 자가 되기를 축복합니다.

♣ 기도

우리는 누구나 행복을 꿈꿉니다. 그런데 그 행복을 엉뚱한 데서 찾으니 문제입니다. 참으로 어렵고 무거운 시대입니다. 도덕과 윤리가 무너지고 신앙의 뿌리조차 위태로운 매일입니다. 이런 때에 우리를 버티게 하는 힘은 오직 주님의 사랑입니다. 그 사랑이 있을 때 삶의 무게가 가벼워집니다. 그 사랑으로 다시 일어설 용기를 얻습니다. 우리의 행복은 주님께만 있음을 기억하게 하옵소서. 주님의 사랑만이 어둠을 밝히는 빛이요 세상을 이기는 능력입니다.

주님의 끝이 없는 사랑으로 배우자를 사랑하게 하옵소서. 서로에게 빛이 되어 영혼을 쉬게 하고 회복하게 하옵소서. 무너진 곳이 회복되고 생명력이 샘솟게 하옵소서. 사랑을 가치 없게 여기는 세상에서 사랑을 잃지 않게 하옵소서. 사랑으로 세상을 이기게 하옵소서. 주님의 사랑이 오늘도 우리를 견디게 하시고, 세우시며, 변화시키시는 능력이 되기를 간절히 원합니다. 예수님의 이름으로 기도합니다. 아멘.

"그러나 이 모든 일에 우리를 사랑하시는 이로 말미암아

우리가 넉넉히 이기느니라"(롬 8:37).

오만 가지 일을 하더라도

사랑하지 않으면 헛일이고,

온 세상을 다 쥐어도

사랑받지 못하면 빈손입니다.

하나 되게 하옵소서

♣ 묵상

부부는 화성에서 왔건 금성에서 왔건 하나 되어야 합니다. 예수님은 이 하나 됨을 위하여 죽으셨고 다시 사셨습니다. 그리고 하나 되게 하느라 성령을 보내 주셨습니다. 부부가 한 성령, 한 믿음으로 하나 될 때 세상을 이기는 가정을 경험합니다.

♣ 기도

결혼을 하고서도 '너는 너' '나는 나' 하며 사는 가정이 많습니다. 하나님이 부부라는 만남을 주셨는데, 서로를 더 고통스럽고 힘들게 만들기도 합니다. 그러나 그 힘든 과정을 견디면 내가 아니라 그리스도의 형상이 드러날 것이라고 믿습니다.

결혼생활을 이어 가다 보면 하나님이 내 주관, 내 독선 같은 것들을 마치 가시를 뽑아내듯 잘 발라내어 주신다는 생각이 듭니다. 그래서 결혼 10년 차가 다르고, 40년 차가 다르게 되는 것 같습니다. 그 차이는 다름 아닌 하나 됨의 차이입니다.

세상은 만만치가 않고, 겪어 내야만 하는 희로애락이 있습니다. 그것들을 홀로 감당하지 않게 하옵소서. 백지장도 맞들면 낫다는데, 이왕이면 하나보다는 둘이 힘을 합쳐 나아갈 때 괴로움은 반이 되고 기쁨은 배가 되는 경험을 하기 원합니다. 결혼을 통해 하나님이 우리에게 심어 주신 원대한 계획을 둘의 하나 됨을 통해 이루어 나가게 하옵소서.

예수님의 이름으로 기도합니다. 아멘.

"두 사람이 한 사람보다 나음은

그들이 수고함으로 좋은 상을 얻을 것임이라"(전 4:9).

죽도록 고생해야 하나가 됩니다

♣ 묵상

결혼하면 저절로 하나가 되던가요? 하나가 되는 건 죽도록 힘든 일입니다. 하나가 되려면 죽도록 고생해야 합니다. 끝내 죽어야 하나 됩니다. 그런데도 가정 공동체를 이루게 하신 것은, 이것이 하나님이 지으신 모양과 형상을 완성해 가는 불가피한 과정이기 때문입니다.

♣ 기도

한평생 내 마음대로, 나를 위해 살던 두 사람이 만나 하나의 가정을 이루기가 참 쉽지 않습니다. '사람은 철저하게 이기적인 생명체'라는 말이 실감납니다. 그러나 우리 인생이 어린아이의 수준에 머무르지 않고 성숙한 한 사람이 되기를 원합니다. 인생에 프로가 되기를 원합니다. 나만을 위해 사는 사람이 아니라 사랑하는 사람을 위해 힘과 마음을 보탤 수 있는 사람으로 성장하게 하옵소서. 서로 다른 우리가 하나 되어 가는 과정 속에서 부딪히고 깨지고 쓰러질 때마다, 주님이 우리를 붙들어 일으켜 주옵소서. 가정의 근원인 사랑을 다시 일깨워 주옵소서. 우리가 이루어 갈 가정을 통해 이 땅에서 주는 어떤 고난도 이겨 낼 힘이 샘솟기를 바랍니다. 그런 시간들을 통해서 하나님이 함께하시는 기쁨을 더 풍성하게 경험하기를 바랍니다.

예수님의 이름으로 기도합니다. 아멘.

"몸이 하나요 성령도 한 분이시니 이와 같이

너희가 부르심의 한 소망 안에서 부르심을 받았느니라"(엡 4:4).

향기로운 가정을 이루게 하소서

♣ 묵상

어떤 남자와 여자가 결혼하더라도 하나님 안에서 가정을 꾸리기만 한다면, 하나님을 가정의 주인으로 모시기만 한다면, 그들은 세상의 어떤 부부보다도 더 아름답고 향기로운 가정을 이루게 될 것입니다. 뿐만 아니라 하나님은 당신의 이름을 위하여 그 가정을 높이 들어 쓰실 것입니다.

♣ 기도

어떤 가정은 다툼과 증오가 끊이지 않습니다. 서로가 자기를 위한 희생과 헌신만을 강요합니다. 그런 가정을 보면 하나님이 허락하셔서 세워진 가정이 맞나 의심하게 됩니다. 그러나 그것은 하나님 때문이 아니요, 우리의 죄성 때문임을 인정합니다.

우리 가정에 가장 먼저 하나님을 주인으로 모시기를 원합니다. 우리가 가진 부족함과 연약함이 약점이 아니요, 서로를 이해하고 보듬는 이유가 되게 하옵소서. 우리 가정을 주님이 친히 다스려 주옵소서. 우리의 가치관이 아닌 주님의 말씀을 기준으로 살게 하시며, 작은 결정 하나에도 주님의 뜻을 먼저 묻는 겸손한 마음을 허락하옵소서. 하나님이 우리 가정과 함께하실 때 이 모든 과정이 아름다운 향기가 되어 주변 곳곳으로 퍼져 나갈 것이라 믿습니다. 그리고 우리 가정을 통해 세상의 흔들리는 많은 가정을 주의 길로 돌아오게 하실 것을 믿습니다.

예수님의 이름으로 기도합니다. 아멘.

"여호와께서 집을 세우지 아니하시면

세우는 자의 수고가 헛되며 여호와께서 성을 지키지 아니하시면

파수꾼의 깨어 있음이 헛되도다"(시 127:1).

부부 문제는 부부가 해결해야 합니다

♣ 묵상

자기 부모를 떠난다는 것은 결혼 후에 자기 배우자의 잘못을 부모에게 시시콜콜 얘기하지 않는 것입니다. 부부간에 문제가 생기면, 둘이 갈등하고 해결해야지 부모를 끌어들여서는 안 됩니다. 부부지간의 일을 밖에 나가서 얘기하는 것은 정말로 어리석은 일입니다. 적군에게 쏘아야 할 총을 아군에게 쏘는 것보다 어리석은 일이 어디 있습니까?

♣ 기도

우리는 우둔하여 여전히 삶의 문제를 주님 앞에 가져와 엎드리지 못하고 사람의 지혜와 도움을 구합니다. 부부 사이의 중요한 문제를 부모와 상의해 해결하려고 합니다. 여전히 부모에게 묶여 있으면 새롭게 세워진 우리 가정은 제대로 출발할 수 없다는 사실을 깨닫게 하옵소서. 부부 사이의 갈등과 문제를 두려움

없이 둘이서 해결할 수 있는 용기와 지혜를 허락해 주옵소서. 어떤 경우에도 아군 사이에 총질하는 일이 없게 하옵소서.

무엇보다 가정에 어려움이 생겼을 때 먼저 주님 앞에 엎드려 기도하게 하옵소서. 하나님의 지혜로 난관을 극복하게 하옵소서. 주님의 사랑으로 부부가 하나 되어 더욱더 성장하기를 바랍니다.

예수님의 이름으로 기도합니다. 아멘.

"너희 중에 누구든지 지혜가 부족하거든 모든 사람에게 후히 주시고 꾸짖지 아니하시는 하나님께 구하라 그리하면 주시리라"(약 1:5).

가정, 결혼, 부부

하나님의 선물입니다.

선물을 정말 선물답게 대하십시오.

여러분 옆에 주신 분들을

천적처럼 대하지 마십시오.

천사라는 것을 믿고

대할 수 있게 되기를 축복합니다.

Q

내가 교제하는 그 사람 혹은 나의 배우자를

어떤 마음으로 대하고 있습니까?

memo

3

하나로 연합하는 기도

하나님이 주인 되시면 문제가 없습니다

♣ 묵상

가정은 남자와 여자 둘이 아닌, 하나님과 함께 셋이 시작해야 합니다. 가정은 하나님이 주인이 되시고 예수님이 머리가 되셔야 합니다. 그리고 성령님께서 날마다 가정을 인도하셔야 합니다. 가정이 이렇게 운영된다면, 무슨 문제가 있겠습니까? 부부가 서로 주인 됨을 주장하지 않는데 갈등하고 다툴 일이 무엇입니까?

♣ 기도

우리 가정은 '믿음'을 첫 번째로 준비하게 하옵소서. 하나님을 바로 아는 것보다 중요한 일이 없음을 믿습니다.

한 남자와 여자가 서로 좋아서 결혼했다고 생각하지만, 언젠가 '하나님이 나를 부르시기 위해 이 사람을 허락하셨다'고 고백할 수 있는 결혼이 되게 하여 주옵소서. 호세아의 고백처럼 우리가 힘써 여호와를 알기 위해 노력할 때, 내 인생과 가정의 목적을 알게 하시고, 진정한 복이 무엇인지를 깨닫게 하옵소서.

세상이 주는 것을 복이라 말하는 어리석음이 없게 하옵소서. 주님이 주시는 평안과 사랑으로 충만하게 하소서. 우리가 하나님 안에서 하나 되어 세상에 복음을 흘려보내는 축복의 통로가 되게 하옵소서. 우리 가정이 삼위일체 하나님의 영광이 되게 하옵소서.

예수님의 이름으로 기도합니다. 아멘.

"그러므로 우리가 여호와를 알자 힘써 여호와를 알자

그의 나타나심은 새벽 빛같이 어김없나니

비와 같이, 땅을 적시는 늦은 비와 같이 우리에게 임하시리라"(호 6:3).

하나님의 뜻을 한마음으로 바라십시오

♣ 묵상

남자와 여자가 마주보다 사랑하게 되었고 결혼하게 되었습니다. 그러나 두 사람이 마주보는 시간에 해야 할 가장 중요한 일은 함께 위를 바라보는 것입니다. 결혼하여 부부가 된다는 것은 무엇보다도 하나님의 뜻이 이 가정을 통해서 이루어지기를 한마음으로 바라는 것입니다.

♣ 기도

성경에는 참으로 이상적인 부부가 등장합니다. 마리아와 요셉입니다. 마리아는 처녀의 몸으로 임신하게 될 것이라는 천사의 음성을 듣고 말씀에 두말 않고 순종했습니다. 요셉은 약혼녀의 임신 소식 앞에 억측이나 분노로 화답하지 않고 덮어 보호해 주려 하였고, 나중에는 하나님의 뜻에 순종했습니다.

이 시대를 살아가는 우리가 이런 순종을 감당할 수

있겠습니까? 과연 우리는 세상의 이목보다 하나님의 뜻을 선택할 수 있을까요? 세상이 어떤 가치관으로 우리를 현혹한다 하더라도 숨겨진 하나님의 뜻을 발견하는 눈을 허락하여 주옵소서. 세상의 시선이 아니라 하나님의 뜻을 따라 움직이는 가정이 되게 하시고, 결정을 내릴 때마다 우리의 감정이 아니라 주님 마음을 먼저 묻는 부부가 되게 하옵소서. 마리아와 요셉이 보여 준 조용하고도 담대한 순종이 우리의 가정에도 깊이 새겨지게 하옵소서.

예수님의 이름으로 기도합니다. 아멘.

"너희는 이 세대를 본받지 말고 오직 마음을 새롭게 함으로 변화를 받아
하나님의 선하시고 기뻐하시고 온전하신 뜻이 무엇인지 분별하도록 하라"(롬 12:2).

Day 31

일상을 시시콜콜 나누십시오

♣ 묵상

부부라면 모든 걸 공유하는 게 맞습니다. 남자와 여자가 서로의 인생에 초대하고, 그 초대를 받아들인이상 삶을 공유해야 합니다. 직무상 비밀을 제외하곤웬만한 일상은 공유하십시오. 집안일도 크든 작든 시시콜콜 나누십시오. 작은 일로 나눈 대화 가운데 쌓인 서로간의 신뢰가 큰 일 앞에서도 흔들리지 않는믿음이 됩니다.

♣ 기도

일상을 누군가와 공유한다는 것이 아직은 낯설고 어렵게 느껴집니다. 일상에 치이고, 각자의 삶을 지키느라 바쁘다는 것이 핑계가 됩니다. 또 누군가를 책임져야 한다는 것이 무거운 짐처럼 느껴지기도 합니다.그러나 하나님의 사랑의 원리는 나눌 때 배가 되고,함께할 때 견고해진다는 것을 기억하게 하옵소서. 작

고 사소한 감정까지도 함께 이야기할 용기를 주시고,
나누는 과정 속에서 더 깊은 연대와 사랑이 자라나게
하옵소서. 요즘은 가정에도 세상의 논리가 들어와 서
로의 소유와 책임을 따지고 각자의 인생을 공유하지
않는 것 같습니다. 그러나 그것은 하나님의 방법이
아님을 깨닫습니다. 가정의 크고 작은 일들을 함께
짊어지고 기도하게 하옵소서. 공유된 삶 속에서 더
큰 평안과 기쁨을 누리게 하옵소서.
예수님의 이름으로 기도합니다. 아멘.

"너희가 짐을 서로 지라 그리하여

그리스도의 법을 성취하라"(갈 6:2).

Day 32

대화를 많이 해야 비밀이 없습니다

♣ 묵상

부부가 일상을 공유하려면 많은 대화가 필요합니다. 평소에 대화를 많이 해야 피차 비밀이 없어집니다. 나중에는 굳이 얘기하지 않아도, 눈빛만 봐도 알게 됩니다. 부부간의 대화는 가정을 지키는 데 꼭 필요합니다. 부부간의 신뢰는 함께 대화한 시간에 비례합니다. 그리고 신뢰의 깊이는 경청에 달렸습니다.

♣ 기도

우리에게 대화가 필요함을 잘 알고 있습니다. 말에는 지혜가 필요하고, 부부의 대화는 더더욱 하나님이 함께하셔야만 한다는 것을 깨닫습니다. 하나님이 함께하시지 않는 대화, 서로의 혈기로 가득한 대화는 가정을 깨뜨리고 영혼을 파괴할 수 있다는 것을 기억하게 하옵소서.

주님, 우리의 대화가 서로를 존중하는 태도로 진술하

게 오고갈 수 있도록 언제나 인도하여 주옵소서. 말
이 막히고 감정이 닫힐 때, 주님이 우리의 입술과 마
음을 열어 주시고, 그 안에서 신뢰가 자라고 사랑이
깊어지게 하옵소서. 서로를 향해 오해를 쌓지 않게
하시고, 침묵 속에서 마음이 멀어지지 않게 하옵소
서. 대화가 멈추지 않는 가정, 복이 넘치는 가정을 세
울 수 있도록 지혜를 더하여 주옵소서.

예수님의 이름으로 기도합니다. 아멘.

"너희 말을 항상 은혜 가운데서

소금으로 맛을 냄과 같이 하라…"(골 4:6a).

Day 33

그들도 나의 부모입니다

♣ 묵상

시댁이니 처가니 하는 개념을 없애는 게 좋습니다. 그냥 두 사람 모두에게 똑같이 부모가 한 분씩 더 생긴 셈입니다. 처가든 시댁이든 도움이 필요하면 두 사람이 이견 없이 한마음으로 도우면 됩니다. 서로 속여서는 안 됩니다. 마음이 불편할 때는 서둘러 결정하지 않고 조금 더 기다리는 편을 택해야 합니다.

♣ 기도

주님은 화목제물이 되어 십자가를 지셨는데, 우리는 부모와 자식 사이에 벽을 치고 조금의 틈도 주지 않으려 하니 갈등만 커집니다.

자식을 품에서 떠나보내는 부모의 마음을 우리가 조금이나마 헤아리고 위로가 되어 드리기를 원합니다. 무엇보다 배우자의 부모를 향한 사랑의 마음을 부어 주옵소서. 부부가 힘을 합하여 서로의 부모를 내 부모처럼 섬기고 사랑하게 하옵소서. 설령 부모가 힘들게 한다면 서로에게 불평하며 감정을 쏟아내지 않게 하시고, 먼저 하나님께 지혜를 구하게 하옵소서. 어떤 상황에서도 선을 넘어가는 말을 입 밖에 내지 않도록 입술을 지켜주옵소서. 모든 상황과 형편을 아시는 하나님이 갈등을 풀어 가시고 해결해 주실 것을 믿습니다.

예수님의 이름으로 기도합니다. 아멘.

"모든 것이 하나님께로서 났으며

그가 그리스도로 말미암아 우리를 자기와 화목하게 하시고

또 우리에게 화목하게 하는 직분을 주셨으니"(고후 5:18).

때가 되면 부모를 떠나는 것이

부모를 제대로 사랑하는 것이고,

자녀를 떠나보내는 것이

자녀를 제대로 사랑하는 길입니다.

못 떠나고 못 떠나보내면

감정의 골만 깊어집니다.

재물은 다 하나님의 것입니다

♣ 묵상

재물에 묶여 있다는 것 자체가 어떻게 보면 사탄의 계략에 이미 말려들었다는 증거입니다. 재물은 다 하나님의 것입니다. 하나님의 것을 배우자에게 투명하게 공개하고, 함께 지혜롭게 꾸려 갈 방안을 의논하고 한 방향으로 나아가는 것이 중요합니다. 재물이 많건 적건 묶이면 마찬가지입니다. 자족하는 것만이 자유하는 길입니다.

♣ 기도

요즘 젊은 부부들은 각자 자기가 번 대로 관리한다고 합니다. 그것이 지혜인 줄 착각합니다. 왜 우리는 하나가 되기 위해 결혼했으면서 서로를 속이고 감추는 걸까요? 사랑한다면 믿어야 하는데, 믿지 못하니 내 것을 내어주지 못합니다. 하나님의 가정이 하나가 된다는 것은 재물까지도 한 전대로 묶여야 한다는 사실을 깨달아 알게 하옵소서.

특별히 재물은 하나님의 자리를 대신할 수도 있는 아주 무서운 것임을 알고 경계하게 하옵소서. 재물은 우리 것이 아니라 하나님이 잠시 맡기신 것임을 고백하며, 청지기적 마음으로 다스릴 수 있도록 도와주옵소서. 서로 재정 문제를 투명하게 공개하고, 숨김없이 이야기하며, 함께 기도하고 지혜롭게 결정하는 가정이 되게 하옵소서.

예수님의 이름으로 기도합니다. 아멘.

"그들에게 이르시되 삼가 모든 탐심을 물리치라

사람의 생명이 그 소유의 넉넉한 데 있지 아니하니라 하시고"(눅 12:15).

내 몸은 배우자에게 속했습니다

♣ 묵상

부부 사이에 성은 성결해야 합니다. 결혼했다면 내 몸은 내 것이 아닙니다. 결혼은 내 몸과 마음이 상대 방에게 속한 존재가 되었음을 선언하는 행위입니다. 그러니까 자기 마음대로 해서는 안 됩니다. 가정을 허무는 여우가 언제나 작은 틈을 만든다는 사실에 깨어 있어야 합니다. 배우자가 싫어하는 것이라면 반드시 멀리하고 끊어야 마땅합니다.

♣ 기도

내가 나를 주장하는 시대입니다. 세상은 어떤 일이든 '내 마음대로' 해도 좋다고 말합니다. 그러니 바람을 피우고도 "사랑이 죄냐"고 했다는 식의 우스갯소리가 나옵니다.

결혼은 하나님 앞에서의 선언이요 언약입니다. 이제 더는 내가 나를 주장하지 못하게 되었고, 배우자에게 속한 자가 되었음을 깨닫게 하옵소서. 우리 가정이 오직 사랑으로 든든히 서 있게 하옵소서. 감정과 욕심보다 사랑과 책임으로 행동하게 하옵소서. 성적인 유혹과 혼돈으로부터 보호하여 주옵소서. 부부가 하나 되어 하나님이 주신 사랑과 성결함 안에서 아름다운 친밀함을 누리게 하옵소서. 서로를 지키고 세우는 가정이 되게 하옵소서.

예수님의 이름으로 기도합니다. 아멘.

"아내는 자기 몸을 주장하지 못하고 오직 그 남편이 하며

남편도 그와 같이 자기 몸을 주장하지 못하고

오직 그 아내가 하나니"(고전 7:4).

자녀는 하나님이 주십니다

♣ 묵상

자녀를 낳고 잘 양육하는 것은 부부가 짊어져야 할 큰 책임이요 가장 큰 소명입니다. 남자와 여자가 결혼하는 이유는 낭만과 기쁨이 가득한 생활을 위해서만은 아닙니다. 다음 세대를 위한 것이기도 합니다. 부부가 되는 것은 궁극적으로 부모가 되기 위함이라는 사실 앞에 겸손해야 합니다.

♣ 기도

성경에 보면 오랫동안 자녀가 생기지 않아 고통 중에 있던 사람들이 나옵니다. 아브라함이 이삭을 얻게 되는 이야기, 한나의 눈물의 기도는 자녀를 기다리는 많은 부부에게 위로가 됩니다.

자녀를 기다리는 우리의 애타는 마음을 헤아려 주시옵소서. 그러나 내가 할 수 없는 일을 하나님께 전적으로 맡기며 매달리는 것, 그럴 때 하나님이 약속하시고 그 약속의 성취를 응답으로 받아 누리는 것이야말로 신앙의 원형임을 깨닫게 하옵소서. 모든 것이 하나님 손에 달렸음을 고백합니다. 눈물이 기쁨 되게 하시는 주님을 믿습니다. 마침내 주님의 약속의 자녀를 만나는 날, 설움을 갚는 것에서 끝나지 않고 하나님의 뜻을 펼칠 수 있는 아이로 키워 나갈 수 있도록, 더욱 성장하는 우리가 되게 하옵소서. 그리고 그 자녀를 통해 생명의 주인 되신 하나님의 경이로움을 영원토록 찬양하게 하소서.

예수님의 이름으로 기도합니다. 아멘.

"그를 이끌고 밖으로 나가 이르시되

하늘을 우러러 뭇별을 셀 수 있나 보라

또 그에게 이르시되 네 자손이 이와 같으리라"(창 15:5).

101

어린아이 수준에 머물러 있으니
자꾸 싸웁니다

♣ 묵상

부부가 왜 싸웁니까? 어린아이처럼 생각하고, 어린
아이처럼 말하기 때문에 말꼬리를 잡고 시비를 다투
다가 싸우는 것입니다. 어린아이 수준으로밖에는 깨
닫지 못하는데, 어떻게 더 성숙합니까? 어른이 된다
는 것은 어린아이의 일을 버리는 것입니다. 더 이상
내가 먼저가 아니고, 내가 중심이 아님을 깨닫는 것
입니다.

♣ 기도

문제없는 가정은 없다고 합니다. 다만 어떤 사람은
견디고, 어떤 사람은 못 견딜 뿐입니다. 주님, 갈등을
해결하고 관계를 세워 가는 사람은 결국 성숙한 사람
임을 깨닫습니다. 어린아이는 작은 고통도 감당하지
못해 주저앉아 울지만, 참된 어른은 문제를 직면하고
풀어 가는 법을 찾습니다. 주님, 우리가 어린아이 같

은 수준에 머물지 않게 하시고, 가정 안에서 성숙을 선택하는 사람이 되게 하옵소서.

비록 지금까지는 인내와 배려를 배우지 못했을지라도, 주님이 머무시는 이 가정에서만큼은 서로를 배려하고 높여 주게 하옵소서. 어린아이는 이기려고 합니다. 그러나 참된 어른은 이기려고 애쓰지 않습니다. 지는 것이 이기는 것이라는 이치를 깨닫기 원합니다. 지는 것처럼 보이나 사실은 사랑과 가정을 지키는 더 큰 승리를 얻는 길임을 알게 하옵소서.

예수님의 이름으로 기도합니다. 아멘.

"내가 어렸을 때에는 말하는 것이 어린아이와 같고

깨닫는 것이 어린아이와 같고 생각하는 것이 어린아이와 같다가

장성한 사람이 되어서는 어린아이의 일을 버렸노라"(고전 13:11).

Day 38

누구나 사랑받을 만합니다

♣ 묵상

아가페는 가치 없는 걸 가치 있게 대해 주는 태도입니다. 사랑할 수 없는 대상을 끝까지 사랑하기로 결정하는 의지입니다. 이 태도와 의지 때문에 사랑스럽지 않은 존재가 사랑스러운 존재로 변화하는 것입니다. 이런 사랑이 아니고서는 이 세상에 하나님의 나라가 이루어질 방도는 없습니다.

♣ 기도

내가 주님의 사랑을 받은 것이 얼마나 큰 은혜인지 고백합니다. 자격 없는 내가 설명할 수 없는 사랑을 받아 의인이라 불리며 천국 백성의 자리에 서게 되었습니다. 그런 내가 무슨 자격으로 누군가를 사랑하며 이유를 달 수 있겠습니까? 오직 주님의 사랑이 나를 의롭게 하시고, 사람답게 살게 하십니다.

우리 부부가 사랑할 때 자격을 따지지 않게 하옵소

서. 주님의 아가페 사랑을 실천하게 하옵소서. 우리의 사랑이 서로를 끌어내리고 지치게 하는 치기 어린 감정이 아니라, 가치 있게 하고 높여 주는 사랑이 되게 하여 주옵소서. 주님의 사랑이 내게 생명력을 불어넣으신 것처럼, 우리 사랑도 서로에게 생명력과 기쁨이 되게 하옵소서. 부족함 속에서도 주님의 사랑으로 서로를 붙들 수 있는 힘을 허락하옵소서. 그러다 어느 날 서로의 모습 가운데 주의 형상을 보게 하옵소서.

예수님의 이름으로 기도합니다. 아멘.

"우리가 사랑함은 그가 먼저

우리를 사랑하셨음이라"(요일 4:19).

어떻게 마음을 둘로 나눕니까

♣ 묵상

사랑은 온 마음을 주는 것이지 쪼개거나 나눠서 주는 것이 아닙니다. 이 사람도 사랑하고, 저 사람도 사랑한다는 것은 말이 되지 않습니다. 우리는 인격적으로 나뉠 수 없는 존재입니다. 왜 하나님과 재물 둘 다 사랑할 수 없다고 하시겠습니까? 깨어진 마음으로는 결코 하나님을 사랑할 수 없기 때문입니다.

♣ 기도

우리는 소위 '결정 장애'에 빠질 때가 많습니다. 사랑에 있어서도 이 사람 사랑할까, 저 사람 사랑할까 하며 마음의 결단을 내리지 못합니다. 그러니 결혼을 앞둔 남녀가 '이 결혼이 맞는가', '저 사람이 나의 배우자'인가 고민합니다. 결혼하고도 '이 사람과 한평생 사는 것이 맞는가', '다른 사람과도 좀 살아 봐야 하는 것 아닌가' 고민합니다.

그러나 하나님, 어떻게 마음이 둘로 나뉠 수 있겠습니까? 하나님도 이 부분에서는 '재물과 하나님을 겸하여 섬길 수 없다'고 아주 명확하게 말씀하심을 기억합니다. 하나님을 닮은 우리도, 하나님이 머무시는 이 가정도 결코 마음이 나뉘게 두어서는 안 됨을 믿습니다. 내가 더욱 굳건하게 내 배우자를 사랑하기로 결단합니다. 몸과 마음과 뜻을 다해 배우자를 위해, 가정을 위해 헌신하게 하옵소서. 이리저리 휘둘리지 않게 하여 주옵소서.

예수님의 이름으로 기도합니다. 아멘.

"너는 마음을 다하고 뜻을 다하고 힘을 다하여

네 하나님 여호와를 사랑하라"(신 6:5).

죽지 않고 어떻게 사랑합니까

♣ 묵상

내가 살아 있으면, 어떻게 사랑합니까? 남편도 아내를 사랑하려면, 죽지 않고는 무슨 방법이 있겠습니까? 죽도록 사랑한다면 죽어야 합니다. 죽지 않으면 그만큼 덜 사랑한 것입니다. 내가 죽어 나의 이기적인 사랑이 아니라 주의 완전한 사랑으로 사랑할 때 그 사랑은 영원합니다.

♣ 기도

우리는 사랑을 제대로 알지 못합니다. 우리는 누군가를 사랑한다고 하면서 내 권리를 주장합니다. 내가 당신을 사랑하는데 이 정도 바라는 것은 당연한 것 아니냐고 합니다. 상대방의 상황을 이해하고 용납하기보다 자기 의를 무기 삼아 억압하고 정죄합니다. 이것은 사랑을 대가로 한 저급한 거래입니다. 결코 주님의 사랑이 아님을 깨닫게 하여 주옵소서. 주님의 사랑은 목숨을 내놓는 사랑이었습니다. 다른 사랑이 있을 수 있겠습니까? 주님이 우리와 함께해 주셔서 내가 참된 사랑을 배우게 하여 주옵소서.

사랑은 결코 나를 자랑하는 것이 아닙니다. 나의 나 됨을 내려놓고 그를 더욱 사랑하게 하여 주옵소서. 주님의 시선으로 그를 바라보게 하여 주옵소서. 사랑 은 "무례히 행하지 아니하며 자기의 유익을 구하지 아니하"는 것이라 하셨으니, 내가 주의 사랑으로 그 를 사랑하게 하여 주옵소서.

예수님의 이름으로 기도합니다. 아멘.

"… 사랑은 자랑하지 아니하며 교만하지 아니하며

무례히 행하지 아니하며 자기의 유익을 구하지 아니하며

성내지 아니하며 악한 것을 생각하지 아니하며"(고전 13:4b-5).

Day 41

그리스도를 제대로 만난 사람이 져줍시다

♣ 묵상

그리스도와의 관계를 통해서 나는 죽고 내 안에 그리스도께서 사시는 것을 경험한 두 사람이 결혼하면, 아무 문제가 없습니다. 하지만 어느 한쪽이 그렇지 않다면, 그리스도를 제대로 만난 사람이 상대방을 변화시키는 것밖에는 다른 길이 없습니다. 사랑에 목마르지 않은 사람이 사랑에 목마른 사람에게 져주어야 합니다.

♣ 기도

인생을 살면서 주님을 만나는 것만큼 큰 복이 있겠습니까? 주님을 만나니 새로운 피조물로 거듭났습니다. 이전 것은 지나갔고 새 것이 되었습니다. 이 모든 것은 주님의 은혜요, 억지로 된 것이 없습니다. 우리의 변화는 사람의 노력이 아니라 오직 주님의 은혜로 이루어진다는 것을 기억하게 하옵소서.

주님이 말 못 할 죄인인 나를 고쳐 품에 안아 주셨으니, 은혜 입은 자로서 나 또한 나의 배우자를 마음으로 품게 하여 주옵소서. 사람은 사람을 바꾸지 못하지만, 그리스도는 사람을 새롭게 하시는 분임을 믿습니다. 내 역할은 주님께 먼저 받은 은혜를 흘려보내는 통로라는 사실을 잊지 않게 하옵소서. 모든 세상의 일들은 억지로 되는 것이 아니요 하나님의 섭리 가운데 이루어져 간다는 사실을 믿고 나아가게 하옵소서.

예수님의 이름으로 기도합니다. 아멘.

"내가 그리스도와 함께 십자가에 못 박혔나니

그런즉 이제는 내가 사는 것이 아니요

오직 내 안에 그리스도께서 사시는 것이라…"(갈 2:20a).

사랑은

오래 참고, 부드럽고, 질투하지 않고,

자랑하지 않고, 교만하지 않고, 무례하지 않고,

화를 내지 않고, 악한 것을 생각하지 않고,

불의를 기뻐하지 않고, 진리를 기뻐하고,

모든 것을 참고, 모든 것을 믿고,

모든 것을 바라고, 견디는 것입니다.

Q

내가 좀 더 오래 참아야 했던 순간은 언제였나요?

무례한 말로 상처 준 적이 있나요?

우리가 하나 되기 위해 가장 필요한 건 무엇인가요?

memo

4

성숙으로 나아가는 기도

그와 내가 다른 것이 당연합니다

♣ 묵상

서로 다른 별에서 온 게 아닐까 싶을 정도로 남자와 여자가 다릅니다. 이것은 옳고 그름의 문제가 아닙니다. 그냥 다른 것입니다. 어떻게 해야 다름을 극복할 수 있습니까? 방법은 배려입니다. 존중입니다. 그리고 용납입니다. 사랑한다면, 그 사람이 원하는 것을 주어야 하지 않겠습니까?

♣ 기도

우리의 출발점은 다름입니다. 서로 달라서 사랑하고 결혼합니다. 나와 너무 다른 사람이어서 매력을 느끼고 끌립니다. 결코 서로 다름을 모르고 결혼하지 않았습니다. 그런데 그렇게 매력적이었던 부분이 살다 보니 얼마나 참기 힘든 고통인지 뒤늦게 발견합니다. 생각해 보니 달라진 것은 그가 아니라 나입니다. 그는 여전한데 미움이 싹튼 것은 내 마음입니다. 이 문제는 그의 문제가 아니라 내 문제였음을 고백합니다. 다양함을 추구하시고 어우러짐을 기뻐하시는 하나님, 그와 내가 다름을 비로소 인정합니다. 우리 몸의 각 지체도 서로 다르기 때문에 연합하여 한 몸을 이루는 것처럼, 그와 내가 다르기 때문에 한 가정으로 부르심 받았음을 인정합니다. 나 또한 완벽해서 결혼한 것이 아니라는 사실을 깨닫습니다. 내 안에 그를 향한 처음 마음을 회복시켜 주옵소서. 서로 덮고 싸매 주는 사랑을 행하게 하옵소서.

예수님의 이름으로 기도합니다. 아멘.

"몸은 하나인데 많은 지체가 있고 몸의 지체가 많으나

한 몸임과 같이 그리스도도 그러하니라"(고전 12:12).

사랑은 감정이 아니요 결단입니다

♣ 묵상

사랑이란 감정이 오래가지 않는다는 것이 늘 문제입니다. 제발 감정이 결정하게 하지 마십시오. 감정은 아침 다르고 저녁 다릅니다. 감정은 오늘 다르고 내일 다릅니다. 사랑은 감정으로 싹이 트지만 의지로 자라고 결단으로 열매를 맺습니다. 사랑은 감정에 내 마음을 맡기지 않고 결단에 내 마음을 묶습니다.

♣ 기도

사람은 변덕이 문제입니다. 은혜를 받으면 세상이 아름다워 보여 상대의 단점조차 인정하고 받아 줄 수 있습니다. 그런데 은혜가 메마르면 말 한마디 하는 것조차, 숨 쉬는 것조차 거슬립니다. 그러니 문제는 그의 어떠함이 아니라 바로 나입니다. 내 안에 은혜를 충만하게 채워 주옵소서. 매 순간 은혜를 덧씌운 안경을 통해 상대를 바라보게 하여 주옵소서.

사랑은 단순한 감정이 아니요, 의지적인 결단임을 깨닫게 하옵소서. 그저 마음이 움직이면 만났다가 그 마음이 다하면 헤어지는 일은 치기 어린 시절 해왔던 유치한 연애로 족합니다. 하나님 앞에 손을 얹고 결단했던 약속을 잊지 않게 하옵시고, 그 무게감과 책임감을 기억하게 하옵소서. 상대의 단순한 행동에 내 감정을 섞어 해석하지 말게 하옵소서. 감정에 휘둘리지 않고 사랑의 의지로 배우자를 품어 줄 수 있는 넓은 마음을 허락해 주옵소서.

예수님의 이름으로 기도합니다. 아멘.

"자녀들아 우리가 말과 혀로만 사랑하지 말고

행함과 진실함으로 하자"(요일 3:18).

가정은 부끄러움이 없는 곳입니다

♣ 묵상

가정을 꾸린 남자와 여자는 "벌거벗었으나 부끄러워하지"(창 2:25) 않는 사이가 됩니다. 가정은 벌거벗고 있어도 부끄러움을 느낄 필요 없는 안락한 곳이어야 합니다. 이것을 경험하라고 하나님은 가정이라는 제도를 허락하셨습니다. 집에 돌아오면 밖에서 자신을 방어하느라 들어올렸던 두 팔을 내리고 경계를 풀어야 정상입니다. 가정이 안식처라는 사실을 경험하라고 하나님은 부부 관계를 허락하셨습니다.

♣ 기도

아담과 하와는 벌거벗었지만 부끄러워하지 않았습니다. 가릴 것 없이 솔직하게 다가갔을 때 그들은 "내 뼈 중의 뼈요 살 중의 살"이라고 고백할 만큼 한 몸을 이루었습니다. 그런 그들에게 죄가 들어오자 상황은 역전되었습니다. 벗은 모습은 이전과 다르지 않았지만, 보는 눈이 달라졌습니다. 그전에는 눈에 띄지 않았던 흠과 잡티가 보였습니다.

주님, 우리 눈도 그러합니다. 서로의 약점을 쥐고 흔들고 있습니다. 책잡힐까 싶어 감추고 숨기기 바쁩니다. 그러니 주님 안에서 한 몸을 이룰 수 있겠습니까? 우리의 죄 된 눈을 주의 보혈로 씻어 주옵소서. 늘어진 뱃살과 주름까지도 사랑할 수 있는 넉넉한 마음을 허락하옵소서. 서로가 마음껏 기대고 쉴 수 있는 사랑의 안식처가 되게 하시고, 서로를 감싸안는 은혜가 흐르게 하옵소서.

예수님의 이름으로 기도합니다. 아멘.

"아담과 그의 아내 두 사람이 벌거벗었으나

부끄러워하지 아니하니라"(창 2:25).

가정은 덮고 가려 주는 곳입니다

♣ 묵상

세상은 옷을 겹겹이 입고 있어도 하나씩 벗겨서 수치스럽게 만들겠다고 달려드는 곳입니다. 하지만 가정은 그런 원리로 작동하지 않습니다. 가정은 허물과 약점이 있어도 덮고 가려 주는 곳입니다. 밖에서 상처를 입고 돌아오면 그 상처를 싸매 주고 안아주고 위로해 주는 곳입니다. 가정은 절대로 또 다른 싸움터가 아닙니다.

♣ 기도

부부싸움을 할 때 우리는 서로를 물고 뜯고 끌어내리느라 혈안이 됩니다. 어떡하든 그가 틀렸고 내가 맞다는 것을 증명하려고 합니다. 배우자를 비판하고 정죄합니다. 그런 모습 어디에서 우리가 주님의 사랑을 발견할 수 있겠습니까?

베드로가 주님을 세 번 부인하던 밤, 사람들은 그에

게 "네가 예수의 제자가 아니냐"면서 어떻게든 벌거 벗기려고 했습니다. 그러나 부활하신 주님은 베드로 에게 "왜 그랬느냐"면서 추궁하거나 문제 삼지 않으셨습니다. 다만 주님이 얼마나 그를 사랑하시는지 계속해서 상기시키셨습니다. 우리 부부도 주님의 사랑을 본받게 하옵소서. 삿대질하고 추궁하고 잘잘못을 따지지 않게 하옵소서. 부족함과 실수를 이해하며 감싸 안아주고 위로하는 은혜를 허락하옵소서. 그럴 때 이 가정에 하늘의 평강이 흘러넘칠 줄 믿습니다. 예수님의 이름으로 기도합니다. 아멘.

"무엇보다도 뜨겁게 서로 사랑할지니

사랑은 허다한 죄를 덮느니라"(벧전 4:8).

가정에선 들들 볶지 마세요

♣ 묵상

세상이 우리를 못살게 들들 볶아 대는데, 가정에서도 들들 볶으면 제정신으로 살아갈 수 있겠습니까? 우리는 가정에서 쉼을 얻고 회복하는 시간을 가져야 합니다. 집 밖에는 폭풍이 몰아치고 비가 억수같이 쏟아져도 집 안으로 뛰어드는 순간 평온함과 사랑을 맛볼 수 있어야 합니다. 가정은 어미 닭의 품 안과 같아야 합니다.

♣ 기도

주님, 우리 가정이 믿음으로 뿌리내리고 교회에 본이 되게 하옵소서. 세상 사람들은 자기 소견에 옳은 대로 살아갑니다. 그러니 결혼을 해도 욕망의 소산일 뿐이요, 본이 되는 가정을 찾기가 어렵습니다. 돈을 잘 벌면 훌륭한 배우자고, 못 벌면 무능한 배우자입니까? 살림과 육아를 잘하면 좋은 배우자고, 그렇지 않으면 게으른 배우자입니까? 배우자를 바라보는 시선이 세상의 기준과 같지 않게 하옵소서. 세상의 가치를 기준 삼아 배우자를 닦달하지 않게 하옵소서. 브리스길라와 아굴라는 본이 되는 부부였습니다. 교회를 어지럽게 하는 성도가 많은 중에 말씀으로 중심을 지키며 가정을 교회로 삼는 둘이었습니다. 우리 가정이 이 부부가 이루었던 그런 가정이 되기를 원합니다. 어떤 상황에서도 믿음과 사랑과 소망 가운데 든든한 가정을 이루어 가게 하옵소서. 날마다 기도와 말씀으로 영생의 열매를 맺게 하여 주옵소서.

예수님의 이름으로 기도합니다. 아멘.

"허물을 덮어 주는 자는 사랑을 구하는 자요

그것을 거듭 말하는 자는 친한 벗을 이간하는 자니라"(잠 17:9).

Day 47

상처를 어루만져 주세요

♣ 묵상

가정은 우리가 밖에서 사고를 만나 만신창이가 되어 들어오면, 늘 새롭게 다듬어서 깔끔하게 내보내는 수리점이 되어 주어야 합니다. 가정은 또 전장과 같은 세상에서 싸움 끝에 피투성이가 되어 돌아오더라도 상처를 치유해 주는 곳이어야 하고, 세상이 두려워 몸을 사리고 사는 가족이 되지 않도록 언제나 용기를 주는 곳이어야 합니다.

♣ 기도

엘리야 선지자를 기억합니다. 사백오십 명의 바알 선지자, 사백 명의 아세라 선지자 앞에서 하나님의 위대하심을 드러내고 또 그들을 처형하는 엄청난 일을 행했지만, 그 후 두려움에 사로잡혀 초라한 모습으로 하나님 앞에 섰습니다. 그러나 하나님은 그에게 "왜 한심하게 이러고 앉아 있느냐? 네가 그러고도 위대한 선지자라 할 수 있겠느냐?" 하며 다그치지 않으셨습니다. 로뎀 나무 아래로 부르셔서 먹고 마시고 누워 쉬게 하셨습니다.

우리 가정이 로뎀 나무 아래와 같게 하옵소서. 세상은 갈수록 혹독해져만 가는데, 그 세상과 같이 서로를 다그치지 않게 하옵소서. 사랑과 긍휼이 흐르는 치유의 수리점이 되게 하시고, 위로와 쉼을 얻고 담대함으로 또다시 일어서는 가정이 되게 하옵소서. 갈등과 상처가 있을 때에도 서로를 감싸안고 회복시키는 은혜가 넘치기를 원합니다.

예수님의 이름으로 기도합니다. 아멘.

"수고하고 무거운 짐 진 자들아 다 내게로 오라

내가 너희를 쉬게 하리라"(마 11:28).

사랑하면 기다립니다.

믿음이 가면 기다립니다.

희망이 있으면 기다립니다.

기다림은 동행의 첫걸음입니다.

믿음·소망·사랑은

기다림입니다.

말하는 대로 이루어집니다

♣ 묵상

정말 좋은 남편, 좋은 아내가 따로 있는 것이 아닙니다. 내 입이 좋은 남편, 좋은 아내를 만듭니다. 내 입이 내 남편을 좋게 얘기하면 좋은 남편이 되고, 내 아내를 안 좋게 얘기하면 안 좋은 아내가 되는 것입니다. 좋은 남편과 좋은 아내는 배우자의 입이 만든다는 사실을 기억하십시오.

♣ 기도

시인 김춘수는 "내가 그의 이름을 불러 주었을 때 / 그는 나에게로 와서 / 꽃이 되었다"고 노래했습니다. 그의 노래처럼 내가 사랑하는 이를 사랑이라 부를 때 그가 정말로 사랑스러운 내 인생의 동반자가 되는 줄 믿습니다. 한낱 식물도 곁에서 좋은 말을 해주고 사랑으로 어루만져 주면 더 싱그러운 잎을 만들어 낸다고 합니다. 주님, 제가 제 배우자를 향해 양분이 되는 말, 용기를 주는 말을 해줄 수 있기를 원합니다.

한평생을 살면서 어떻게 좋은 날만 있을 수 있겠습니까? 사랑이 메마르는 날에는 주님이 사랑을 부어 주셔서 사랑을 노래하게 하여 주옵소서. 우리의 입술을 주장하셔서 배우자를 높이고 격려하며 세워 주는 말을 하게 하시고, 불평과 비난으로 상처를 주지 않게 지켜 주옵소서. 주님이 우리 가정의 머리가 되셔서, 사랑과 존중의 말이 끊이지 않게 하여 주옵소서.

예수님의 이름으로 기도합니다. 아멘.

"사람은 입에서 나오는 열매로 말미암아 배부르게 되나니

곧 그의 입술에서 나는 것으로 말미암아 만족하게 되느니라"(잠 18:20).

부부 사이에 주도권 잡아 뭐 합니까

♣ 묵상

결혼은 어느 한쪽이 일방적으로 굴복시키거나 복종하는 관계가 아닙니다. 결혼하면 초반에 주도권을 잡아야 한다는 헛소리는 하지도 말고, 듣지도 마십시오. 주도권을 잡기 위해서 결혼한 겁니까? 누구를 종처럼 부리기 위해서 결혼했습니까? 그게 아니잖습니까? 사랑해서 결혼했고 사랑하기에도 시간이 부족한 결혼 생활입니다.

♣ 기도

우리는 세상 속 파워게임에 얼마나 길들여져 있는지 모릅니다. 수많은 문화와 매체가 사람을 대하는 모든 가치 기준을 돈과 권력에 두고 있습니다. 그러나 결혼은 누가 더 세고, 누가 더 위에 있느냐를 따지는 것이 아님을 기억하게 하옵소서. 주도권을 잡아야 한다는 거짓 조언에 흔들리지 않게 하옵소서. 상대를 이

기기 위해 관계를 얽히고설키게 하는 어리석음에서
우리를 건져 주옵소서.

결혼은 한 사람이 다른 사람을 굴복시키는 게임이 아
닙니다. 가정의 질서는 힘으로 세워지지 않는다는 것
을 알게 하여 주옵소서. 우리가 원하는 것은 누군가
를 다스리는 결혼이 아니라, 서로를 살리는 결혼입니
다. 서로를 종 삼지 않고 존귀하게 세우기 위해 한 몸
을 이루었다는 진리를 마음 깊이 새기게 하여 주옵소
서. 그리스도의 향기와 복음의 원리를 따라 사는 부
부 되게 하옵소서.

예수님의 이름으로 기도합니다. 아멘.

"너희 중에 누구든지 으뜸이 되고자 하는 자는

모든 사람의 종이 되어야 하리라"(막 10:44).

복종하면 우리 가정이 천국 됩니다

♣ 묵상

결혼 생활을 잘하려면 그리스도 안에서 피차 복종해야 합니다. 여기에서 '복종'은 상하 관계의 복종과 다릅니다. 이 복종은 비굴하게 시선을 피하는 굴종도 아니고, 아무 생각 없이 입을 닫고 사는 맹종도 아닙니다. 서로가 서로에게 복종하는 것은 자발적으로 기꺼이 상대방의 뜻을 따르는 순종입니다.

♣ 기도

주님이 말씀하시는 복종이란 자발적인 엎드림이요, 사랑하기 때문에 내 의사로 기꺼이 순종하는 것입니다. 우리가 진짜 복종해야 할 대상은 하나님이심을 고백합니다. 하나님의 명령 앞에 순종하기 위해 배우자에게 복종해야 함을 잊지 않게 하여 주옵소서.

어떤 사람은 "배우자가 복종할 만하면 왜 하지 않겠습니까?" "어쭙잖은 말을 하니 복종할 수 없지 않습니까?"라고 되묻습니다. 그러나 이해할 수 없는 것에 순종하는 것이 복종임을 믿습니다. 배우자가 나와 다르니 복종하게 하여 주옵소서. 이해할 수 없으니 복종하게 하여 주옵소서. 내 가치관이 지배하는 인생을 살아가면 마주하는 것은 갈등과 다툼이지만, 말씀에 이끌려 살아가면 우리는 천국을 경험한다는 사실을 잊지 않게 하옵소서.

예수님의 이름으로 기도합니다. 아멘.

"그리스도를 경외함으로 피차 복종하라"(엡 5:21).

인격적인 태도가 결혼의 기초입니다

♣ 묵상

그리스도의 권위에 복종할 줄 아는 사람만이 배우자를 인격체로서 대등하게 대할 줄 압니다. 그리스도 아래에서는 누구든 위에 있거나 아래 있지 않기 때문입니다. 그런 인격적인 삶의 태도가 결혼의 기초가 되어야 합니다. 결혼의 기초를 눈에 보이는 것들에 두지 않고 보이지 않는 성품과 신앙에 두어야 결혼에 후회가 없습니다.

♣ 기도

인간의 원죄는 복종하지 못한 데에서 왔습니다. 사실 우리가 복종하지 못하는 것은 꺾지 못한 탓이요, 죄의 본성에서 온 것임을 기억하게 하여 주옵소서. 가정의 머리는 하나님이신데, 내가 배우자보다 더 우위에 서는 것이 무슨 의미가 있겠습니까? 무의미한 감정 낭비를 그만두고 사랑으로 더욱 서로를 보듬는 가정이 되게 하여 주옵소서.

우리에게 필요한 것은 서로를 지배하려는 마음이 아니요, 그리스도를 닮은 인격적 태도라는 것을 기억하게 하옵소서. 그리스도의 사랑으로 서로를 존중하고 높여 주게 하옵소서. 서로의 연약함을 약점 삼지 않게 하시고, 그것마저도 하나로 연합하는 접착제가 되게 하여 주옵소서. 결혼은 서로를 소유하거나 지배하려는 관계가 아니라, 서로를 살리는 관계임을 잊지 않게 하옵소서.

예수님의 이름으로 기도합니다. 아멘.

"형제를 사랑하여 서로 우애하고

존경하기를 서로 먼저 하며"(롬 12:10).

남편의 권위를 인정해 주십시오

♣ 묵상

남편이 아내의 머리가 된다는 것은 남편이 아내를 지배해야 한다는 뜻이 아니라 권위가 흘러가는 통로로서의 남편을 인정하고 존중해야 한다는 뜻입니다. 행복한 결혼 생활은 아내가 남편의 권위를 인정해 주는 데서 시작합니다. 반대로 불행한 결혼 생활은 아내가 남편의 권위를 인정하지 않는 데서 비롯됩니다.

♣ 기도

하나님은 질서의 하나님이십니다. 남편을 아내와 가정의 머리 되게 하신 것은 지배 구조가 아닌 하늘의 권위가 흘러가는 통로로 세우신 하나님의 질서임을 깨닫게 하옵소서. 우리는 세상의 왜곡된 권위에 상처받아 왔습니다. 그래서 '권위'라는 말만으로도 거부감을 느끼는 약함이 있습니다. 그러나 주님의 권위는 살리는 권위요, 지켜 주는 권위임을 믿습니다. 아내가 남편에게 순종하라는 말씀이 부담이 아닌, 하나님이 우리 가정을 세우시는 축복의 질서로 들리게 하옵소서.

아내는 남편을 존중함으로 가정을 세우고, 남편은 아내를 사랑함으로 가정을 보호하게 하옵소서. 우리가 서로를 힘으로 움직이려 하지 않고, 사랑으로 세우게 하옵소서. 우리 가정 위에 하나님의 질서와 평강과 은혜가 흘러넘치기를 소망합니다.

예수님의 이름으로 기도합니다. 아멘.

"그러나 나는 너희가 알기를 원하노니 각 남자의 머리는 그리스도요

여자의 머리는 남자요 그리스도의 머리는 하나님이시라"(고전 11:3).

아내를 몸 바쳐 사랑해 주십시오

♣ 묵상

아내를 향한 남편의 사랑은 그리스도께서 교회를 위하여 자신을 내주신 것과 같은 사랑이어야 합니다. 돈을 많이 벌어다 주는 것이 사랑입니까? 결혼기념일을 잘 챙기는 것이 사랑일까요? 아닙니다. 진짜 사랑은 자기 전부를 내어주는 것입니다. 전부를 줄 수 없는 사랑은 생색을 내고 자랑을 하고 되갚아주지 않는 것을 서운하게 여깁니다.

♣ 기도

내 육신의 아버지를 떠올려 봅니다. 그저 묵묵히 자리를 지키고 열심히 일해서 가족을 건사하는 것이 아내와 가족을 사랑하는 방법이라고만 생각하던 분입니다. 거기에는 주님을 닮은 사랑이 있었습니다. 내한 몸 희생하고 헌신한 참 사랑이었습니다. 그런데 시대가 달라지면서 그 사랑이 왜곡되어 갑니다. 희생과 헌신은 사라지고 결과에 주목하기 시작합니다. 주님, 우리의 사랑이 재물을 비롯한 온갖 세상의 기준에 물들지 않게 하여 주옵소서.

참된 사랑은 그리스도께서 교회를 위해 자신을 내주신 것처럼, 내 전부를 내어주는 사랑임을 깨닫게 하옵소서. 세상 기준으로 사랑을 재고, 편리와 감정에 따라 선택하려는 연약한 마음을 용서하여 주옵소서. 주님의 사랑으로 충만하게 하옵소서. 아내에게 성령의 능력으로 내 전부를 내어주는 사랑을 실천하게 하옵소서.

예수님의 이름으로 기도합니다. 아멘.

"남편들아 아내 사랑하기를 그리스도께서 교회를 사랑하시고

그 교회를 위하여 자신을 주심같이 하라"(엡 5:25).

훈련을 통해 인격을 빚어 갑니다

♣ 묵상

부부지간은 인격을 성숙시키는 훈련장과도 같습니다. 부부는 평생을 함께하면서 서로를 온전히 인정하는 관계 훈련을 통해서 인격을 빚어 갑니다. 즉 부부는 상대방의 전인격을 인정해야만 하는 관계입니다. 거절은 언제나 상처를 안겨줍니다. 용납은 언제나 믿음을 심어줍니다. 부부만이 전부를 받아줄 수 있고, 전부를 받아주어야 합니다.

♣ 기도

알고 보면 결혼이란 제비뽑기와 다르지 않습니다. 고작 수년을 연애하고 한마음으로 가정을 세우는 일이 어찌 쉽게 되겠습니까? 그런데도 하나님이 우리가 살아가는 모습을 그렇게 만들어 두신 데에는 놀라운 섭리와 은혜가 숨어 있다고 믿습니다.

우리가 이겨 내야 할 것들을 마땅히 감당하게 하옵소

서. 세상은 이러쿵저러쿵 말이 많습니다. 그렇게 살아 무엇하느냐고 손가락질합니다. 그러나 하나님, 금이 용광로에 들어가야 불순물이 모두 타 순금이 되듯, 나 또한 불순물을 태우는 과정이 필요함을 믿습니다. 우리 부부가 서로의 불순물을 태우고 보다 성숙한 주님의 자녀로 서기를 기대합니다. 내가 가진 마음이 부족하더라도 성령의 능력으로 내 전부를 내어주는 사랑을 실천하게 하옵소서.

예수님의 이름으로 기도합니다. 아멘.

"철이 철을 날카롭게 하는 것같이 사람이

그의 친구의 얼굴을 빛나게 하느니라"(잠 27:17).

서로 다름에 이끌려 결혼했지만

그 다름으로 지옥 같은 경험을 하다가

그 어려움을 이겨 내고 견뎌 내어

끝내 부부가 하나 되는 놀라운 하나 됨,

그것이 가정의 신비이고

능력이며 소중함입니다.

배우자의 다름으로 내가 힘들었던 일은

무엇이었습니까? 그 위기를 어떻게 넘겼습니까?

memo

5

위기를 극복하는 기도

애초에 쉬운 결혼은 없습니다

♣ 묵상

애초에 쉬운 결혼이란 없습니다. 왜냐하면 결혼은 하나님이 인간에게 주신 가장 고귀한 선물이긴 하지만, 태초에 인간이 죄를 지었기 때문입니다. 태초의 가정은 아담과 하와의 타락으로 고장나기 시작했고, 이후로 결혼과 가정은 회복되어야 할 관계라는 과제를 안고 지속되어 왔습니다. 인간의 관계는 계속 깨진 상태입니다.

♣ 기도

세상은 결혼이 사랑의 골인 지점인 것처럼 말합니다. 그러다 보니 우리는 결혼하고 나면 '오래오래 행복하게' 잘살 일들만 기다릴 것 같은 환상에 빠지기도 합니다. 그런데 막상 결혼하고 보니 기다리는 것은 꽃길이 아니요 돌짝밭 길임을 깨닫습니다. 우리의 죄성이 적나라하게 드러납니다. 주님의 사랑을 덧입지 않

고서는 한 걸음도 더 나아가지 못하는 '결혼 생활'이
펼쳐집니다.

그러나 하나님, 우리가 이 길을 회피하지 않고 당당
히 마주하는 것이야말로 하나님의 뜻이요 계획하심
이라고 믿습니다. 아담과 하와의 타락으로 깨어진 사
랑은 예수님의 십자가 사랑을 통해 비로소 완전해졌
습니다. 우리도 예수님의 사랑을 본받아 중도에 그만
두지 않고 그 사랑으로 이 가정을 완성하게 하옵소
서. 우리가 주저앉을 때마다, 넘어질 때마다 다시 일
으켜 세우시는 주님을 믿습니다.

예수님의 이름으로 기도합니다. 아멘.

"내 형제들아 너희가 여러 가지 시험을 당하거든 온전히 기쁘게 여기라

이는 너희 믿음의 시련이 인내를 만들어 내는 줄 너희가 앎이라"(약 1:2-3).

우리가 죄인이라서 어려운 것입니다

♣ 묵상

죄인끼리 만나서 한평생 사이좋게 살기가 쉽겠습니까? 죄인이기에 결혼이 어려운 것입니다. 원수라는 말이 자연스럽게 튀어나옵니다. 오죽하면 원수 갚으려고 부부가 된다는 말을 하겠습니까? 그럼에도 불구하고 결혼에 이르게 하는 힘, 결혼 생활을 완주하게 하는 힘은 오직 아버지의 사랑입니다.

♣ 기도

죄의 습성은 서로를 비방하고 헐뜯는 것이요, 그 결과는 분열과 파멸입니다. 우리가 모두 처음엔 죄인인 채로 만났으니 멸망을 도모하는 것 말고는 다른 길이 없었을 텐데, 그런 우리를 주님이 변화시켜 주시니 어찌나 감사한지요.

인생이란 고단한 길입니다. 그래도 사랑하는 배우자가 있으니 이 또한 감사를 올려 드립니다. 우리가 서로를 의지하며 걸어가게 하옵소서. 갈등과 어려움이 찾아올 때 서로를 손가락질하고 헐뜯기보다 먼저 스스로를 돌아보게 하옵소서. 내가 진리 안에서 자유롭지 않은데 누구를 자유롭게 할 수 있겠습니까? 내가 주님 사랑을 받아들이지 않으면 누군들 사랑할 수 있겠습니까? 내 삶에 열매가 없는데 누구에게 삶의 열매를 맺게 하겠습니까? 날마다 나를 부인하고 십자가를 지고 끝까지 주를 따르게 하옵소서. 늘 주님 보혈을 덧입고 죄인의 길에서 벗어나 참된 사랑을 실천하게 하옵소서.

예수님의 이름으로 기도합니다. 아멘.

"서로 친절하게 하며 불쌍히 여기며 서로 용서하기를

하나님이 그리스도 안에서 너희를 용서하심과 같이 하라"(엡 4:32).

파도에 빠지지 말고 타고 넘어가십시오

♣ 묵상

바다에 파도가 잠잠할 날이 없듯이, 이 땅에서 살아가는 동안에는 인생의 문제가 끝없이 밀려오게 되어 있습니다. 인생은 파도타기와도 같습니다. 문제의 파도에 빠지지 말고, 파도를 타고 넘어가십시오. 때로는 더 큰 능력과 기쁨을 맛보기 위해 더 높은 파도를 두려워하지 않고 그 가운데로 뛰어드십시오.

♣ 기도

뿌리가 깊은 나무는 쉽게 뽑히지 않습니다. 건물도 기초가 탄탄하면 지진과 같은 자연재해에도 좀처럼 무너지지 않습니다. 우리 가정에 어떤 모진 풍파가 닥치더라도 굳건하게 설 수 있도록 그 뿌리를 하나님께 내리고 있게 하옵소서. 말씀의 반석 위에, 주님의 사랑이라는 반석 위에 우리 가정을 세우기 원합니다. 오뚝이는 무게추가 있어서 넘어져도 다시 일어섭니다. 우리 가정도 하나님이 무게 중심이 되어 주셔서 넘어지더라도 다시 일어서게 하옵소서.

세상의 가치는 수시로 달라집니다. 인간의 감정도 그렇습니다. 이런 것에 중심을 두지 않게 하옵소서. 하나님의 사랑에서 출발하게 하옵소서. 그럴 때 우리가 비록 넘어질지라도 사랑의 힘으로 오뚝이처럼 다시 일어설 줄 믿습니다.

예수님의 이름으로 기도합니다. 아멘.

"광풍을 고요하게 하사

물결도 잔잔하게 하시는도다"(시 107:29).

Day 58

부부 싸움은 사탄의 농간입니다

♣ 묵상

가정은 인간이 타락하기 전까지는 아무 문제가 없었습니다. 그런데 사탄의 유혹으로 인간이 타락함으로써 가정이 뿌리째 흔들리게 되었습니다. 부부가 서로의 허물을 탓하며 질책하기 시작했습니다. 소위 말하는 부부 싸움이 시작된 것입니다. 싸움을 부추기고 분란을 일으키는 존재에 눈을 크게 뜨지 않으면 서로를 탓하다가 인생 끝납니다.

♣ 기도

어떤 사람은 회사에서 퇴근하며 가정으로 출근한다고 말합니다. 그만큼 가정에서의 시간이 긴장되고 고되다는 말일 것입니다. 그러나 가정은 직장이 아닙니다. 사랑하는 사람이 있어서 돌아가는 고향 같은 곳, 회복과 위로를 얻는 곳, 다시 세상으로 나가 이겨 낼 힘을 얻는 곳이 가정이 되어야 함을 기억하게 하여 주옵소서.

아담과 하와가 벗은 것을 깨닫고 수치심을 느끼고 서로를 탓하게 된 것은 모두 사탄의 농간이었습니다. 둘은 자신의 부끄러움을 고작 나뭇잎으로 가렸으나 하나님은 짐승의 가죽으로 그들의 수치를 덮어 주셨습니다. 우리 가정이 서로의 허물을 덮어 주는 곳이 되게 하옵소서. 수고하고 무거운 짐을 서로에게 지우는 것이 아니라 주님 발 앞에 내려놓게 하여 주옵소서. 우리의 짐을 대신 지시고 문제를 근원부터 해결하시는 하나님을 의지합니다.

예수님의 이름으로 기도합니다. 아멘.

"여호와 하나님이 아담과 그의 아내를 위하여

가죽옷을 지어 입히시니라"(창 3:21).

Day 59

사탄의 목표는 가정을 허무는 것입니다

♣ 묵상

부부 싸움을 사소한 것으로 여기지 마십시오. 대부분 서로 성격이 안 맞아서 자주 다툰다고 생각하지만 그렇지 않습니다. 성격은 처음부터 맞지 않았습니다. 다만 사랑이 성격의 차이보다 컸기에 결혼한 것입니다. 부부 싸움은 둘이 아닌 사탄과 셋이 시작되는 것입니다. 사탄의 제일 목표는 우리 가정을 허물어 버리는 것입니다.

♣ 기도

생각해 보면 싸움은 그리 거창한 일로 시작하지 않습니다. 부부 싸움은 양말 한 짝, 치약 한 통, 쓰레기 한 더미에서 시작한다고들 합니다. 왜 그 정도 일로 이렇게까지 싸우는가 생각해 보면, 부부 싸움의 배후에 사탄이 있기 때문임을 실감하게 됩니다. 사탄이 우리에게 뿌리는 가라지 하나를 발견하게 하시고, 그것을 걷어 내는 지혜와 분별력을 주옵소서.

사탄의 가라지는 '저 사람이 요즘 가정에 성실하지 않은데' '저 사람의 말투가 지금 나를 무시하는 것 같은데'… 이런 사소한 것인 줄 압니다. 사실과 다른 거짓 정보를 거르게 하옵소서. 그 가라지가 뿌리를 내리고 무성하게 잎을 내고 삶을 어렵게 하는 열매를 맺지 않도록 항상 깨어 있게 하옵소서. 주님, 하루하루 말씀의 인도를 받는 부부가 되게 하여 주옵소서. 우리 가정에 주신 말씀을 기억하고 되새기게 하옵소서. 주의 말씀이 우리 가정의 발이요 등이 되게 하옵소서.

예수님의 이름으로 기도합니다. 아멘.

"마귀의 간계를 능히 대적하기 위하여

하나님의 전신 갑주를 입으라"(엡 6:11).

Day 60

이런 사람인지 몰랐다고 말하지 마세요

♣ 묵상

애초에 우리는 서로 다른 점에 끌려서 사귀다가 결혼했습니다. 그러니 성격이 달라서 못 살겠다고 얘기해선 안 됩니다. 서로 성격이 다른 것을 처음부터 몰랐습니까? 알았는데 무슨 핑계를 댈 수 있겠습니까? 그리고 내 성격도 내가 못 고치고 사는데 배우자의 성격을 무슨 수단으로 고칠 수 있습니까?

♣ 기도

지금의 배우자와 처음 만나 사랑을 느끼던 날을 떠올려 봅니다. 내가 무엇 때문에 이 사람과 결혼해야겠다고 마음을 먹었는지 기억해 봅니다. 그날의 풋풋했던 감정 너머에는 단점마저도 품을 수 있는 여유가 있었습니다. 그런데 주님, 지금은 그렇지 못합니다. 비록 그날의 풋풋함은 아니더라도 좀 더 성숙한 넓은 마음이 되기를 바랍니다.

돈 보고 결혼한 사람은 돈이 없어지면 이혼하고, 출중한 외모 보고 결혼한 사람은 그 아름다움이 시들어 가면 이혼한다고 합니다. 사람은 세월 앞에서 능력도 아름다움도 오래 붙들지 못합니다. 우리가 그날 서로에게 매력을 느낀 세속적인 이유들에는 결혼을 지탱할 힘이 없습니다. 오히려 분열과 미움을 불러옵니다. 변치 않는 하나님의 사랑으로 우리를 덧입혀 주옵소서. 서로를 헐뜯는 입술을 다스려 주옵시고, 함께 환란과 풍파를 이겨낸 힘으로 가정을 지켜내게 하옵소서.

예수님의 이름으로 기도합니다. 아멘.

"누가 누구에게 불만이 있거든 서로 용납하여 피차 용서하되
주께서 너희를 용서하신 것같이 너희도 그리하고"(골 3:13).

나를 바꿀 수 있는 유일한 힘은

지식이 아니라 사랑입니다.

세상을 바꿀 수 있는 유일한 힘은

권력이 아니라 사랑입니다.

사랑은 모든 시도를 완성합니다.

사랑은 허물을 덮어 주고

허물을 잊어버립니다.

사랑은 베풀고 베푼 것을

잊어버립니다.

하지만 사랑이 없다면

다 기억합니다.

그리고 그 기억에

붙들려 삽니다.

예수 잘 믿으면 안 깨집니다

♣ 묵상

교회 봉사를 너무 열심히 하다가, 교회 사역이 너무 바빠서 가정이 깨졌다고 말합니다. 말도 안 됩니다. "예수를 잘 믿었는데, 가정이 깨져 버렸다!" 그런 일은 없습니다. 그건 사탄이 깨뜨린 겁니다. 왜 하필 그의 장단에 맞춰 춤을 춥니까? 속는 줄도 모르고 속으니 어이없는 일입니다.

♣ 기도

교회에 큰 영향력을 끼치던 목사님이나 장로님이 정작 가정에서는 가족에게 많은 상처를 남겼다는 이야기를 듣습니다. 수많은 영혼을 살리려다가 내 가족의 영혼을 놓쳤다고 말합니다. 우리는 어떤 모습이어야 하는지 보게 하옵소서. 우리의 충성심과 교회에서의 헌신이 가정을 해치지 않도록 지혜를 허락하여 주옵소서. 주님을 잘 믿었지만 생각지 못하게 가정이 깨질 위기에 놓일 때, 그것이 사탄의 계략임을 깨닫고, 그 속에서 길을 잃지 않게 하옵소서.

우리 가정을 사탄의 공격에서 안전하게 보호해 주옵소서. 주님의 보혈의 은혜로 덮어 주옵소서. 교회 사역과 가정 사이에서 균형을 잡을 수 있도록 지혜롭게 하시고, 우리가 받은 은혜를 가정 안에서 먼저 실천하게 하옵소서. "예수를 잘 믿었더니 가정이 살아났다"고 고백할 수 있는 우리가 되게 하여 주옵소서. 예수님의 이름으로 기도합니다. 아멘.

"그런즉 너희는 먼저 그의 나라와 그의 의를 구하라

그리하면 이 모든 것을 너희에게 더하시리라"(마 6:33).

말씀대로 사랑을 실천해 보세요

♣ 묵상

아내는 그리스도께 하듯 남편에게 복종해 보십시오. 남편은 그리스도께서 교회를 위해 기꺼이 목숨을 내어 주신 것처럼 아내를 사랑해 보십시오. 하나님 앞에 부끄러움 없이 서기를 원한다면, 이렇게 해 보십시오. 어떻게 가정이 깨질 수가 있겠습니까? 악한 권세가 흔들 수 없어야 가정입니다.

♣ 기도

싸움은 길어질수록 지탱하는 힘이 약해집니다. 싸움을 오래 지탱하겠다고 버티다 보면 인생의 지반까지 흔들리는 위기를 경험할 수 있음을 기억하게 하옵소서. 오히려 그 위태로운 지반을 말씀으로 메우고 굳게 하여 주옵소서. 사랑으로 다져 가게 하옵소서. 하나님의 말씀은 일점일획도 틀림이 없음을 인정합니다. 우리가 내 혈기를 내려놓고 말씀을 따라 순종과 사랑과 헌신을 실천할 때 그 위에 하나님의 놀라우신 역사가 이루어질 것을 믿습니다.

하나님이 함께하시는 가정은 결코 무너지거나 깨어지는 법이 없음을 선포합니다. 말씀을 따르는 우리를 하나님이 보호하시고 이끌어 가심을 믿습니다. 바벨탑을 하루아침에 무너뜨리시고, 교회를 사흘만에 세우시는 하나님의 능력을 의지합니다.

예수님의 이름으로 기도합니다. 아멘.

"그러므로 누구든지 나의 이 말을 듣고 행하는 자는

그 집을 반석 위에 지은 지혜로운 사람 같으리니"(마 7:24).

Day 63

이혼은 끝까지 통과하지 못했다는 뜻입니다

♣ 묵상

결혼이란 한 인간이 다른 인간을 겪어 내고, 견뎌 내는 훌륭한 훈련장입니다. 이혼은 그걸 끝까지 통과하지 못했다는 뜻입니다. 물론 누구도 감당할 수 없는 시험이 있을 수 있습니다. 그러나 믿음의 결혼은 능치 못함이 없음을 믿어야 합니다.

♣ 기도

"도가니는 은을, 풀무는 금을 연단하거니와 여호와는 마음을 연단하시느니라"(잠 17:3)는 말씀처럼, 하나님은 우리를 연단하시는 분입니다. 수없이 많은 망치질과 담금질을 견뎌야 날카로운 칼과 강한 연장이 됩니다. 그러나 하나님, 우리에게는 이 연단을 이겨 낼 힘이 없습니다. 매 순간 포기하고 주저앉고 싶어집니다. 나약하고 어리석은 나를 용서하여 주시고 긍휼히 여겨 주옵소서.

비록 내가 실패하더라도 그 시간을 합리화하며 회피하지 말게 하옵소서. 실패를 겸허히 받아들이고 하나님 앞에 용서를 구합니다. 책임져야 할 것이 있다면 책임지게 하시고, 해결하지 못한 감정의 앙금이 있다면 풀어내게 하옵소서. 이 시간 또한 하나님의 연단의 시간임을 기억하게 하옵소서. 실패가 끝내 실패로 끝나지 않고, 한 걸음 성숙의 단계로 나아가는 발판이 되게 하여 주옵소서.

예수님의 이름으로 기도합니다. 아멘.

"인내는 연단을,

연단은 소망을 이루는 줄 앎이로다"(롬 5:4).

실패를 반면교사 삼아
다시 기초를 세우세요

♣ 묵상

재혼이나 재결합을 생각한다면 먼저 이전과 비슷한 강도의 어려움을 만났을 때 과연 견뎌 낼 수 있겠는가를 생각해 봐야 합니다. 특히 재결합이라면 어느 지점에서 실패했는가를 함께 점검해 보고, 그 고비를 같이 넘길 각오를 해야 합니다. 과거는 반드시 단절되어야 합니다.

♣ 기도

이혼도 재혼도 쉬운 시대를 살아가고 있습니다. 왜일까 생각해 보니, 그 이면에는 희생도 헌신도 하려 하지 않고 단지 행복만을 갈망하는 우리의 맨얼굴이 있음을 보게 됩니다. 사람에게서는 진정한 만족과 행복을 찾을 수 없음을 기억하게 하옵소서. 세상이 주는 것은 잠깐의 만족감일 뿐이요, 그 후에는 길고 긴 허무를 견뎌야 한다는 사실을 깨닫게 하옵소서.

그러나 하나님, 우리가 진정한 결혼의 의미를 알고, 다시금 주님을 우리 가정에 초청하려 노력할 때에 그 마음을 축복하여 주옵소서. 이전과 같은 실수를 거듭 하지 않도록 인도하여 주옵소서. 사랑의 마음과 지혜 를 허락하여 주시고, 오늘의 어려움을 견뎌 낼 힘을 주옵소서. 날마다 새로운 능력으로 새롭게 하옵소서. 예수님의 이름으로 기도합니다. 아멘.

"혹시 그들이 넘어지면 하나가

그 동무를 붙들어 일으키려니와…"(전 4:10a).

이전 것은 지나갔습니다

♣ 묵상

어떤 결혼이든 새로 시작한다고 생각해야 합니다. 두 번째 결혼이든 세 번째 결혼이든 부부가 이번에는 하나님의 뜻을 이루어 가는 과정으로서 결혼을 받아들이고, 같이 살아가기로 뜻을 모은다면 무엇이 문제겠습니까? 세상에 쉬운 일은 없습니다. 혼자 사는 건 쉬울까요? 혼자 사는 것도 어렵습니다.

♣ 기도

상심한 자들을 고치시며, 그들의 상처를 싸매시는 하나님, 낮은 자들의 하나님을 찬양합니다. 사람의 인생에 어떻게 실패와 실수가 없겠습니까? 그러나 우리의 실수까지도 들어서 사용하시는 하나님을 믿습니다.

무엇보다 우리가 먼저 이전의 일들을 회개하게 하옵소서. 하나님은 우리의 죄가 주홍 같을지라도 눈과 같이 희게 하시는 분입니다. 하나님이 새롭게 하셨으니, 과거의 일이 미래의 가정을 깨뜨리는 씨앗이 되지 않게 하여 주옵소서. 세상에 쉬운 일이 없음을 인정하고, 이제는 도중에 포기하지 않고 끝까지 인내하기를 원합니다. 하나님의 강인한 손으로 붙들어 주옵소서. 난관과 고난 속에서도 서로를 존중하고 배려하며, 사랑으로 가정을 세워 가게 하옵소서. 서로의 짐을 나누며, 주님의 은혜 안에서 날마다 성장하게 하옵소서.

예수님의 이름으로 기도합니다. 아멘.

"또 두 사람이 함께 누우면 따뜻하거니와
한 사람이면 어찌 따뜻하랴"(전 4:11).

가정은 천국의 모델하우스입니다

♣ 묵상

하나님은 이 땅에서 천국을 미리 맛보라고 가정을 허락해 주셨는데, 가정을 천국으로 만들기는커녕 지옥으로 만들어 버린다면, 세상은 아무런 희망이 없는 곳이 되어 버리고 맙니다. 살아서 경험하지 못한 천국을 죽어서 경험하기란 불가능한 일입니다.

♣ 기도

결혼 초반에는 가정이 이 땅에서 맛보는 천국이라는 말씀을 의심하지 않았습니다. 그러나 갈수록 결혼은 현실이라는 생각이 듭니다. 환상에 사로잡혀 결혼한 것은 아닌지 돌아보게 됩니다. 우리가 눈에 보이는 현상만 보지 않고, 선하게 역사하실 하나님을 바라보게 하옵소서.

결혼하지 않았다면 어디에서 희생과 헌신을 배우겠습니까? 배우자를 만나지 않았다면 어디에서 내려놓음과 사랑을 배우겠습니까? 우리는 부부 관계를 다져 가면서, 부모와 자녀 관계를 마주하면서 천국 백성의 자격을 갖추어 갑니다. 참 어른으로 성장해 갑니다.

우리가 그리스도의 사랑을 더욱 깨달아 가정의 중심 삼게 하여 주옵소서. 바른 믿음 위에 가정을 세우게 하여 주옵소서. 그럴 때 우리 가정이 살아서 경험하는 천국이 될 줄 믿습니다.

예수님의 이름으로 기도합니다. 아멘.

"내가 천국 열쇠를 네게 주리니

네가 땅에서 무엇이든지 매면 하늘에서도 매일 것이요

네가 땅에서 무엇이든지 풀면 하늘에서도 풀리리라 하시고"(마 16:19).

교회에서 잘한 만큼 가정에서도 잘하십시오

♣ 묵상

가정과 교회는 절대로 분리되지 않습니다. 교회에서는 멋진 그리스도인인데 집에 가면 엉망입니까? 그는 참 그리스도인이 아닙니다. 교회에서 진정한 그리스도인으로 거듭났다면, 가정에서도 참 어른이 되어야 합니다. 가정과 교회는 다른 곳이 아닙니다.

♣ 기도

주님은 외식하는 바리새인과 종교 지도자들을 책망하셨습니다. 보이는 것에만 신경 쓰는 그들의 가식을 주님은 기뻐하지 않으셨습니다. 내 삶은 어땠는지 돌아봅니다. 교회에서나 사람들이 모인 곳에서는 자상한 남편, 현숙한 아내의 모습을 하지만, 가정에서는 가족에게 상처를 입히고 있었음을 회개하오니 용서해 주옵소서.
우리가 교회에서만 그리스도인이 되지 않게 하시고,

가정에서도 동일한 마음으로 주님을 따르게 하옵소서. 교회에서는 성숙한 것처럼 행동하면서 가정에서는 어린아이처럼 감정에 흔들리지 않도록 우리를 붙들어 주옵소서. 교회에서 은혜받았다면 가정에서도 그 은혜를 흘려보내는 삶을 살게 하옵소서. 참된 변화는 가정에서부터 시작됨을 믿습니다. 말씀으로 새로워진 우리의 인격이 가정에서 먼저 드러나게 인도하여 주옵소서.

예수님의 이름으로 기도합니다. 아멘.

"너희는 말씀을 행하는 자가 되고 듣기만 하여

자신을 속이는 자가 되지 말라"(약1:22).

가정을 지킨다는 게 쉽지 않지 않습니까?

그러나 견디고 견디고 견디고 견디면

맛볼 수 없는 깊이를 맛보게 됩니다.

10년 살았을 때 맛보지 못할 걸

20년 살면 또 맛보게 됩니다.

Q

내가 전에 비해

'견딜 줄 아는 힘'이 생겼다면, 어느 부분에서입니까?

우리 부부가 더 깊어지기 위해 필요한

작은 변화는 무엇입니까?

memo

6

스테인드글라스 가정을

만드는 기도

산산조각 난 인생도 걸작으로 만드십니다

♣ 묵상

죄가 인생을 박살 내어도 그 깨진 조각들이 하나님의 손에 붙들리는 순간 상상도 못 할 아름다운 작품이 됩니다. 회개하고 하나님께 돌이키기만 하면, 하나님이 깨진 유리 조각을 남김없이 거두어 스테인드글라스로 만들어 주십니다. 하나님은 그런 능력이 있으신 분입니다.

♣ 기도

문제가 생기면 책임전가하기 바쁩니다. 부부 사이에서도 그렇습니다. 서로 '너 때문이야' 하면서 남 탓 하기에 급급합니다. 그러나 뭔가가 깨졌을 때 가장 먼저 해야 하는 일은 책임을 묻는 것이 아니라 조각을 찾아 붙이는 것임을 우리가 기억하게 하옵소서. 이유를 따지는 것은 그다음에 해도 늦지 않습니다.

주님은 물을 포도주로 변화시키셨습니다. 인간의 능

력으로는 결코 불가능한 일입니다. 그러나 주님이 우리 가정에 거하신다면, 인간의 사고로는 상상조차 할수 없는 기적의 일들이 얼마든지 일어날 수 있음을 믿습니다. 주님, 우리 가정에 임하여 주시옵소서. 우리가 서로를 용납하며 사랑할 때 이전에는 상상할 수 없었던 아름다운 가정이 세워질 줄 믿습니다.

예수님의 이름으로 기도합니다. 아멘.

"또 광야가 변하여 못이 되게 하시며

마른 땅이 변하여 샘물이 되게 하시고"(시 107:35).

시대의 문제가 가정에서 시작합니다

♣ 묵상

이 시대가 겪고 있는 문제 대부분은 가정에서 시작합니다. 부부의 하나 됨을 경험하지 못한 사람들이 세상을 분주하게 돌아다니며 온 공동체의 하나 됨을 깨뜨리지 않습니까? 부부 관계에서, 부모와 자녀의 관계에서 참 그리스도인이요 참 어른으로 성장해 가기를 축복합니다.

♣ 기도

우리의 문제는 대부분 가정에서 시작하고, 가정에서 해결되지 못한 상처가 교회로, 사회 전체로 흘러들어 갑니다. 폭력적인 부모 밑에서 자란 자녀가 그 상처를 이겨 내지 못하고 사랑을 잃어 갑니다. 충분히 보살핌받지 못한 자녀가 성인이 되어서도 충만하지 못한 삶을 살아갑니다.

하나님, 우리 가정은 과거 부모 세대의 실수에서 벗

어나게 하옵소서. 우리 안에 남아 있을 상처와 아픔을 치유해 주시고, 과거의 경험에서 자유케 하옵소서. 우리 부부가 서로의 상처를 끌어안고 보듬을 수 있게 하옵소서. 상처를 약점 잡지 않게 하여 주옵소서. 우리의 치유와 회복이 이 땅의 공동체를 살리는 시작점이 되게 하여 주옵소서.

예수님의 이름으로 기도합니다. 아멘.

"너희는 세상의 빛이라 산 위에 있는 동네가

숨겨지지 못할 것이요"(마 5:14).

병든 가정을 위해 교회가 있습니다

♣ 묵상

하나님은 병든 가정을 치유하시기 위해서 교회 공동체를 허락하셨습니다. 예수님이 신랑 되시어 교회를 신부로 맞아 머리와 몸의 관계를 이룸을 보여 주셨습니다. 그리고 자기를 낮추어 죽기까지 복종하여 십자가 사랑을 이루신 것을 교회 공동체를 통해 경험하게 하셨습니다. 이것이 가정이 회복되는 길입니다.

♣ 기도

우리가 이 땅을 살아가면서 얼마나 많은 고난과 시련을 마주하는지 모릅니다. 결혼하여 가정을 세우니 생각지 못한 어려움이 생기기도 합니다. 한 가정이 감당할 수 없는 삶의 무게를 여러 가정이 함께 감당하라고 교회 공동체를 주셨음을 믿습니다. 우리의 어려움을 아시고 공동체를 허락해 주셔서 홀로 감당하지 않게 하시니 감사합니다.

그러나 하나님, 교회가 교회답지 못할 때가 있습니다. 자기를 낮추어 죽기까지 복종하신 주님의 사랑을 본받아야 할 텐데, 그러지 못하고 나의 나 됨을 드러내려고 하니 가정도 교회도 온전하지 못합니다. 교회가 무너지면 가정이 무너지고, 그러면 세상이 빛을 잃게 된다는 사실을 잊지 않게 하옵소서. 무엇보다 우리 가정이 건강한 교회 공동체를 만나게 해주시고, 그곳에서 참된 그리스도인으로 자라나게 하옵소서. 예수님의 이름으로 기도합니다. 아멘.

"너희 안에 이 마음을 품으라

곧 그리스도 예수의 마음이니"(빌 2:5).

교회의 역할은 세상을 구원하는 것입니다

♣ **묵상**

가정이 병들었기에 세상이 병들었고, 세상이 병들었기에 교회가 필요합니다. 하나님이 세상을 구원하는 방편으로 교회를 주셨는데, 왜 사람들이 교회를 떠날까요? 교회 공동체 안에 하나님이 계시지 않기 때문입니다. 사람이 주인 노릇하는 까닭입니다.

♣ **기도**

우리가 가정과 교회를 별개로 생각하지 않게 하여 주옵소서. 건강한 가정이 아니고는 건강한 교회가 있을 수 없고, 건강한 교회 공동체를 못 만나면 건강한 가정도 불가능하다는 사실을 깨닫게 하여 주옵소서. 하나님은 가정이 무너질 것을 염려하여 교회를 두셨는데, 이 시대 교회가 소금의 짠맛을 잃어 가고 있습니다. 하나님, 교회를 바로 세워 주옵소서. 판단의 공동체가 아니라 사랑의 공동체, 소문과 비교의 자리가 아니라 따뜻한 쉼터가 되게 하여 주옵소서. 가정에서 상처받고 지친 사람들이 다시 일어설 수 있는 공동체가 되게 하옵소서. 가정에서 주님의 사랑을 경험한 사람들이 교회에서도 그 사랑을 흘려보내게 하옵소서.

우리가 서로에게 사랑을 실천할 때 교회가 떠났던 영혼들이 다시 돌아와 지친 몸을 뉘어 쉴 수 있는 '아버지의 집'이 될 줄로 믿습니다.

예수님의 이름으로 기도합니다. 아멘.

"너희가 서로 사랑하면 이로써 모든 사람이

너희가 내 제자인 줄 알리라"(요 13:35).

Day 72

하나님의 충만으로 회복시킵니다

♣ 묵상

하나님은 부서지고 타락하여 회복할 수 없는 지경에 이른 가정들을 교회를 통해 하나님의 충만으로 다시 회복시키십니다. 이것이 하나님의 의도입니다. 그러므로 교회의 교회됨을 통해서 가정의 회복을 경험해야 합니다. 교회는 세상의 유일한 소망입니다.

♣ 기도

세상은 계산하고 따집니다. 그러나 가정과 교회는 셈하면 안 되는 곳입니다. 어느 부모가 자녀에게 지금까지 베푼 것을 다 내놓으라고 하겠습니까? 그런데 자꾸 내 노력과 헌신을 셈하니까 가정과 교회가 깨집니다. 가정과 교회는 끝없이 주는 곳이어야 한다는 사실을 우리가 깨닫게 하여 주옵소서. 세상의 원리는 '기브앤테이크'(give and take)이지만, 교회의 원리는 '기브앤기브'(give and give)라는 사실을 기억하게 하옵소서. 가정과 교회가 동일한 원리 위에 있어야 함을 믿습니다.

그러나 하나님, 우리는 끝없이 줄 무엇이 없습니다. 우리를 긍휼히 여겨 주옵소서. 하나님의 사랑으로 끝없이 채워 주옵소서. 나누고 또 나눌 수 있게 해주옵소서. 우리가 하나님 사랑으로 충만해질 때 가정이 회복되고 교회가 온전히 설 수 있을 것이라 믿습니다.

예수님의 이름으로 기도합니다. 아멘.

"인자가 온 것은 섬김을 받으려 함이 아니라 도리어 섬기려 하고

자기 목숨을 많은 사람의 대속물로 주려 함이니라"(마 20:28).

시든 풀에

단비가 내려야

소생하듯

시든 영혼에는

사랑이 부어져야

살아납니다.

회복되어야만 하나님 나라로 갑니다

♣ 묵상

가정은 작은 교회이고, 교회는 큰 가정입니다. 가정과 교회가 다시 살아남으로써 세상이 구원에 이르도록 하는 하나님의 놀라운 섭리를 발견해야 합니다. 교회와 가정이 회복되지 않고는 어느 누구도 하나님 나라로 갈 수가 없습니다.

♣ 기도

가정이 무너지는 이유는 섬기기보다 섬김을 받으려고만 하기 때문입니다. 교회도 다르지 않습니다. 모두가 나서서 서로 사랑하고 용서하고 섬길 수만 있다면 왜 교회가, 가정이 깨지겠습니까? 우리 가정과 교회가 나만 사랑해 달라고 목매는 곳이 아니라, 서로 목숨 걸고 사랑하는 공동체가 되게 하여 주옵소서.

주님의 방식은 십자가 사랑입니다. 그 사랑을 나타내 보여 주신 곳이 교회요, 가정입니다. 우리가 이 사랑을 본받아 실천하게 하옵소서. 그럴 때 교회가 이 땅에 소망이 되고, 가정을 회복시키는 교회, 영혼을 일으키는 교회로 우뚝 서게 될 것임을 믿습니다.

하나님, 무엇보다 우리 가정이 창조의 원리를 회복하기 원합니다. 하나님이 가정을 세우신 원래의 목적을 기억하기 원합니다. 사랑을 실천하고 서로 섬길 때 우리를 통해 하나님의 사랑이 세상에 드러날 줄 믿습니다.

에수님의 이름으로 기도합니다. 아멘.

"소금은 좋은 것이로되 만일 소금이 그 맛을 잃으면

무엇으로 이를 짜게 하리요

너희 속에 소금을 두고 서로 화목하라 하시니라"(막 9:50).

하나님이 오셔야만 회복됩니다

♣ 묵상

인간도, 가정도, 교회도 하나님이 지으신 것입니다.
하나님이 만드셨으니 하나님이 오셔야 죄짐에 지친
인간도, 병든 가정도, 무너진 교회도 회복됩니다. 하
나님이 계신 그곳이 곧 가정이며 교회입니다.

♣ 기도

교회는 희생과 헌신, 사랑과 섬김의 온상이 되어야
합니다. 그러나 하나님, 우리가 무엇을 가지고 섬기
겠습니까? 우리에게 무슨 능력이 있어 사랑하겠습니
까? 다 하나님이 주신 것으로 섬기고 사랑했을 뿐입
니다.

그러나 우리는 곧바로 하나님이 행하신 일을 잊고 우
리의 공로를 주장합니다. 하나님으로부터 받은 것은
보지 못하고 내 희생과 헌신만을 드러냅니다. 그러니
내 것이 바닥나면 주저앉는 것 아니겠습니까? 하나님

께 공급받지 못한 교회와 가정의 마지막은 분열이요 파멸이라는 사실을 기억하게 하옵소서.

우리 가정과 교회 안에 하나님의 처소를 마련하게 하옵소서. 무너진 마음을 다시 세워 주시고, 깨진 관계들을 이어 주옵소서. 하나님이 계신 곳이 우리가 안식을 누릴 곳이요, 곧 우리의 가정과 교회가 되어야 함을 기억하게 하옵소서.

예수님의 이름으로 기도합니다. 아멘.

"만일 누가 말하려면 하나님의 말씀을 하는 것같이 하고
누가 봉사하려면 하나님이 공급하시는 힘으로 하는 것같이 하라…"(벧전 4:11a).

너무 다르기 때문에 복이 있습니다

♣ 묵상

하나님은 서로 다름에도 한 몸을 이루는 부부를 축복하십니다. 너무나 다른 두 존재가 함께하는 것이 교회의 원리요 가정의 원리입니다. 부부가 서로 다름을 용납하는 만큼 가정은 넓어지고 깊어지고 높아집니다.

♣ 기도

우리는 종종 '다름'을 '틀림'으로 이해할 때가 있습니다. 조금이라도 나와 다른 생각과 사고를 하면 어떻게든 틀렸다는 것을 주입하고 끌어내리려고 합니다. 그러니 남자가 여자를, 여자가 남자를 서로 다르다는 이유로 공격합니다. 젊은 세대가 기성세대를, 기성세대가 젊은 세대를 비난합니다. 그러나 하나님, 서로 다른 것은 창조의 원리이지, 결코 우열을 가리는 요소가 아님을 깨닫기 원합니다. 양극으로 치닫는 이념

전쟁에 우리 가정이 휩쓸리지 않게 하여 주시고, 꽹과리처럼 울리는 세상의 외침에 우리의 목소리를 얹지 않게 하옵소서.

하나님은 분열보다는 화합을, 나뉨보다는 어우러짐을 기뻐하십니다. 온몸이 눈이면 누가 들을 것이며, 온몸이 듣는 곳이면 냄새는 누가 맡겠습니까(고전 12:17). 우리를 다르게 지으신 하나님의 뜻을 헤아리게 하옵소서. 너와 나의 다름을 기뻐하고 감사하게 하옵소서. 예수님의 이름으로 기도합니다. 아멘.

"눈이 손더러 내가 너를 쓸 데가 없다 하거나 또한 머리가 발더러

내가 너를 쓸 데가 없다 하지 못하리라"(고전 12:21).

바꾸려 하지 말고 결단하세요

♣ 묵상

아내 눈에 아무리 남편이 한심해 보여도 바꾸려 하지 않고 순종하면, 언젠가 존경할 만한 사람으로 변해 있을 것입니다. 남편 눈에 아무리 아내가 사랑스럽지 않아도 사랑하기로 결단하고 날마다 사랑을 고백하면, 정말로 사랑스러운 여인이 되어 있을 것입니다.

♣ 기도

하나님을 만나는 사람은 하나같이 인생의 전환점을 경험합니다. 죄 된 길에서 돌이켜 복된 길을 걷게 됨은 정죄나 채찍질 때문이 아니요 하나님의 사랑 때문입니다. 하나님은 두려움을 심어 사람을 움직이시는 분이 아니요, 소망과 기쁨으로 우리를 이끌어 주시는 분임을 기억하게 하옵소서.

누군가를 한심하게 여김은 그의 잘못이 아니라 내 문제라는 것을 알게 하옵소서. 하나님이 사랑하시는 자녀를 사랑스럽게 여기지 못함은 그의 어떠함 때문이 아니라 내 마음의 척박함 때문임을 인정하게 하옵소서. 사랑은 단순한 감정의 움직임이 아니고, 결단하여 행할 때에 완성되는 것임을 깨닫습니다. 내가 주님의 사랑을 덧입고 나의 배우자를 사랑하기로 결단하기 원합니다. 사람을 기대하지 않고 그 사람을 변화시키실 하나님을 기대합니다.

예수님의 이름으로 기도합니다. 아멘.

"어찌하여 형제의 눈 속에 있는 티는 보고

네 눈 속에 있는 들보는 깨닫지 못하느냐"(마 7:3).

싸우지 말고 기도하세요

♣ 묵상

배우자의 어떤 점이 마음에 들지 않습니까? 사람에게 이야기하면 싸움이 되지만, 하나님께 말씀드리면 기도가 됩니다. 이 사람 저 사람에게 말할수록 마음의 번민은 커지지만, 오직 하나님께 말하면 마음에 평강이 찾아옵니다.

♣ 기도

하나님이 우리에게 가장 어울리고 잘 맞는 배우자를 만나게 하셨지만, 인간의 죄성은 서로를 기쁘게만 여기지 못하게 합니다. 아담과 하와가 선악과를 먹기 전에는 서로를 기쁘게 여겼지만, 그 사이에 죄가 들어오자 서로를 향해 책임전가하고 손가락질한 것을 우리가 기억하기 원합니다.

한평생을 다른 환경에서 다르게 살아온 두 사람이 만났는데, 어떻게 하루아침에 한 몸을 이루겠습니까?

서로가 버겁게 느껴지는 순간이 올 수밖에 없음을 인정하게 하옵소서. 다만 아담과 하와와 같이 죄를 짓고 하나님의 눈을 피해 숨지 말게 하시고, 먼저 하나님 앞으로 나아가게 하옵소서. 마음의 짐을 남편이나 아내가 아니라 하나님 앞에 내려놓게 하옵소서. 그럴 때에 우리의 짐은 주님이 다 가져가시고, 그 자리에 하나님의 풍성한 사랑이 넘치게 될 줄 믿습니다. 받은 사랑을 서로에게 흘려보내는 부부, 가정이 되게 하옵소서.

예수님의 이름으로 기도합니다. 아멘.

"수고하고 무거운 짐 진 자들아 다 내게로 오라

내가 너희를 쉬게 하리라"(마 11:28).

가정 보좌에 주님을 모십시오

♣ 묵상

만약 가정이나 교회에 문제가 있다면, 지금 내가 머리 노릇하고 있기 때문입니다. 최소한 머리가 되려고 생각하고 있기 때문입니다. 그 욕심을 내려놓고, 주님을 다시 보좌로 모시기 바랍니다. 숱한 문제들은 내가 하나님 자리에 슬그머니 앉기 시작한 것이 발단입니다.

♣ 기도

사탄이 하와에게 교만의 씨앗을 심었습니다. 그 씨앗이 뿌리를 내리고 자라나서 삶을 어지럽게 하고 가정을 깨뜨렸습니다. 아담과 하와의 모습이 내 모습은 아닌지 돌아봅니다.

아담과 하와를 넘어뜨렸던 사탄은 틈만 나면 나와 내 가정을 넘봅니다. 하나님이 머리 되시는 가정을 이루어야 하는데, 그 주인 자리를 내가 차지하지 않게 하여 주옵소서. 배우자를 발가벗기려고 하고 있다면 내가 주인 노릇하고 있다는 증거입니다. 배우자를 정죄하고 고치려고 하고 있다면 내가 머리 노릇하고 있다는 증거입니다. 이제 그만 나를 보좌에서 내려오게 하옵소서. 그 자리에 하나님 모시기를 원합니다. 오직 하나님만이 우리의 머리요, 중심이요, 왕이심을 고백합니다.

예수님의 이름으로 기도합니다. 아멘.

"그는 몸인 교회의 머리시라 그가 근본이시요

죽은 자들 가운데서 먼저 나신 이시니

이는 친히 만물의 으뜸이 되려 하심이요"(골 1:18).

하나님을 인정하는 것으로부터

우리의 가정은 시작되어야 합니다.

그리스도의 사랑이 우리 가정 속에서 드러나고

그리스도의 사랑이 우리 가정을 통해

흘러가는 것이 그리스도인 가정의 목적입니다.

Q

우리 가정에서 그리스도의 사랑이 가장 뚜렷하게
드러났던 순간은 언제였습니까?
우리 가정이 어떤 사랑의 통로가 되기를 기대합니까?

memo

7

무르익어 가는 기도

사랑은 동사입니다

♣ 묵상

사랑이란 무엇입니까? 나보다도 상대방을 낮게 여기는 마음, 그의 전 존재를 인정해 주는 것이 사랑 아닙니까? 말로는 사랑한다고 하는데, 태도로는 나를 존중하지 않을 때 우리는 사랑을 느끼지 못합니다.

♣ 기도

주님은 사랑을 말로만 하지 않으셨습니다. 친히 인간의 자리까지 내려오셔서 주림과 아픔, 고난과 고통을 견디신 사랑이었습니다. 우리의 사랑이 그런 사랑이기 원합니다. 낮아지는 사랑, 동행하는 사랑이 되게 하여 주옵소서.

힘든 일이 생겼을 때 책임을 따지지 않고 함께 견디는 것이 주님의 사랑임을 알게 하여 주옵소서. 삶의 고비 앞에서 외면하지 않고 서로를 끌어안아 주는 것이 주님의 사랑임을 깨닫게 하여 주옵소서. 한 몸을 이루었다는 것은 상대방의 기쁨도, 영광도, 고난도, 어려움도 내 일로 여기고 함께하는 것이지요. 상대방의 생각과 감정을 존중하고, 작은 일상 속에서도 그의 마음을 헤아리며 동행하게 하옵소서. 주님의 사랑으로 우리의 마음을 채워 주시고, '당신 때문에'보다는 '당신 덕분에'라고 고백하며 감사하게 하옵소서. 예수님의 이름으로 기도합니다. 아멘.

"그가 우리를 위하여 목숨을 버리셨으니 우리가 이로써 사랑을 알고

우리도 형제들을 위하여 목숨을 버리는 것이 마땅하니라"(요일 3:16).

전인격적 사랑은 사람을 변화시킵니다

♣ 묵상

남편을, 아내를 죽도록 사랑합니까? 그리스도께서 십
자가에서 죽으실 만큼 우리를 사랑하신 것처럼 사랑
하느냐 말입니다. 사람은 누군가가 나를 전인격적으
로 받아 주고 사랑할 때, 사랑하고 사랑하고 또 사랑
할 때, 오직 그때만 변합니다.

♣ 기도

주님을 처음 만나는 날, 우리는 놀라운 변화와 은혜
를 경험합니다. 주님이 우리를 부르시고 변화시키시
는 방법은 결코 채찍질이 아니요 전인격적인 사랑임
을 깨닫게 하옵소서.
그러나 주님과 같이 사랑하기 원한다고 말하면서도,
정작 내 기준과 감정으로 사랑을 계산했던 시간들을
회개합니다. 상대의 사소한 단점도 용납하지 못하고,
작은 실망에도 마음의 문을 닫아 버렸던 저를 용서하

여 주옵소서. 저를 있는 그대로 받아 주시고, 상한 마음 그대로 오라 하신 주님의 음성을 기억하게 하옵소서. 받은 사랑으로 배우자의 모습 그대로를 용납하고, 상처까지도 보듬게 하옵소서. 그럴 때 사람이 할 수 없는 부분까지 주님이 치유하시고 회복시키실 줄 믿습니다. 나의 사랑이 아니라 주님의 사랑으로, 나의 힘이 아니라 주님의 은혜로 사랑하게 하옵소서. 예수님의 이름으로 기도합니다. 아멘.

"… 만일 우리가 서로 사랑하면 하나님이 우리 안에 거하시고

그의 사랑이 우리 안에 온전히 이루어지느니라"(요일 4:12b).

부부는 같은 꿈을 꿔야 합니다

♣ 묵상

주님이 주시는 사랑이 없으면, 부부는 하나 되지 못한 채 각자 자기 꿈만 추구하기가 쉽습니다. 부부가 각자 자기 삶의 궤적을 그리고 있으니 어떻게 함께 갈 수 있겠습니까? 결국, 둘 사이에 균열이 생기기 시작할 것이고, 어느 시점이 되면 쩍 갈라지고 맙니다.

♣ 기도

우리가 꿈꾸는 부부, 꿈꾸는 가정이 되기 원합니다. 꿈꾸되 주님 주시는 하나의 꿈을 품기 원합니다. 결코 세상의 부요함을 욕망하지 않게 하옵소서. 세상이 가치 있다 말하는 것은 하나님이 말씀하신 사랑과는 정반대의 길을 가게 합니다. 서로를 판단하고 정죄하며 채찍질하게 합니다. 그 결과는 파멸뿐임을 깨닫게 하옵소서.

우리가 주님 주신 사랑으로 하나 될 때, 그 사랑이 교

회와 이웃으로 흘러가게 하옵소서. 자녀에게는 믿음
의 유산을 남기게 하옵소서. 바울의 고백과 같이, 우
리가 함께 선한 싸움을 싸우고 달려갈 길을 마치게
하옵소서. 복된 가정, 믿음의 가문으로 세워 주옵소
서. 그리고 모든 소명을 다했을 때 마침내 마주하게
될 천국의 소망을 품게 하옵소서.

예수님의 이름으로 기도합니다. 아멘.

"나는 선한 싸움을 싸우고 나의 달려갈 길을 마치고

믿음을 지켰으니 이제 후로는 나를 위하여

의의 면류관이 예비되었으므로…"(딤후 4:7-8a).

결혼이 그렇게 값싼 관계입니까

♣ 묵상

요즘은 결혼의 목적 자체가 완전히 빗나가서 자기 꿈과 야망을 이루기 위해 부족한 부분을 결혼으로 채우고자 하는 것 같습니다. 그러니 채워지지 않으면, 그만 살자는 말이 쉽게 나옵니다. 이것은 결혼에 대한 모독입니다. 결혼이 그렇게 값싼 관계입니까?

♣ 기도

어떤 사람들은 '그 사람이 외모가 좋아서' 결혼했다고도 하고, '그 사람이 부자라서' 결혼했다고도 합니다. 또 어떤 이들은 '그와 살면 행복할 것 같아서' 혹은 '그가 나에게 잘해 줄 것 같아서' 결혼했다고 합니다. 그러나 이런 이유들은 결국 '나'를 위한 결혼이라는 사실을 깨닫게 하옵소서. 내 이기심으로 결혼했다가 쉽게 이혼하고 마는 부부가 너무나 많습니다. 우리를 만나게 하신 이도 주님이시요, 하나 되게 하신 이도 주님이심을 믿습니다. 우리가 결혼의 진짜 목적을 잊지 않게 하옵소서.

결혼이란 하나님의 뜻을 이루기 위한 수단임을 깨닫게 하옵소서. 남자와 여자가 만나 하나의 가정을 이룬다는 것은 서로를 위해 온전히 헌신하겠다는 결정임을 기억하게 하옵소서. 결혼의 진정한 의미는 서로를 살리고, 세우며, 하나님을 향해 함께 나아가는 것임을 잊지 않게 하옵소서.

예수님의 이름으로 기도합니다. 아멘.

"그런즉 이제 둘이 아니요 한 몸이니

그러므로 하나님이 짝지어 주신 것을

사람이 나누지 못할지니라 하시니"(마 19:6).

콩깍지가 벗겨져야 진짜 사랑에 도달합니다

♣ 묵상

어떤 부부는 "우리는 정말 사랑해서 결혼했는데요!"
하며 억울해할지도 모릅니다. 과연 그렇습니까? 솔직
히 뭔가가 눈에 씌어서 결혼한 것 아닙니까? 결혼에
이르는 과정까지의 사랑은 사실 욕망에 가깝습니다.
그 욕망은 채워져도 문제고 안 채워져도 문제입니다.

♣ 기도

사랑을 두고 호르몬에 의한 화학반응일 뿐이라고 말
합니다. 그런데 그 화학반응이 영원하지 않아서 언젠
가 사랑이 메마르게 되는 때가 온다고도 합니다. 정
말 그렇습니다. 소위 콩깍지가 씌었던 시기가 있었음
을 고백합니다. 그러나 우리가 호르몬에 지배되던 시
기를 지나고 나면 좀 더 무르익은 사랑을 나누게 되
기를 소망합니다.
사실 우리가 사랑을 배우던 곳이 주님 말씀일 때보다

는 드라마나 영화, 인터넷 속일 때가 많았습니다. 그래서 사랑을 곡해하고 잘못 행할 때도 있었습니다. 육신의 정욕을 이기지 못하고 죄에 빠졌던 우리를 용서하여 주옵소서. 그럼에도 우리를 인도하시고, 결혼하게 하시니 감사합니다. 우리가 더욱 주님 앞에 엎드리고 순종하게 하옵소서. 세상에 떠도는 값싼 사랑 이야기에 흔들리지 말게 하시고, 사랑하기 어려운 때가 오더라도 주님의 사랑으로 더욱 사랑하게 하옵소서.

예수님의 이름으로 기도합니다. 아멘.

"모든 지킬 만한 것 중에 더욱 네 마음을 지키라

생명의 근원이 이에서 남이니라"(잠 4:23).

공감하는 한마디면 됩니다

♣ 묵상

공감이 없으면, 대화는 늘 평행선을 달릴 뿐입니다. 사랑하는데도 공감이 안 된다고 하면, 내 사랑이 가짜라는 걸 빨리 인식해야 합니다. 그리고 그 가짜 사랑을 비우고 주의 참사랑으로 채워야 합니다. 그래야 비로소 공감할 수 있는 대화가 가능합니다.

♣ 기도

상대가 나를 비난하거나 이유를 따져 물을 때, 거기에 맞서면 싸움이 되지만, "그랬구나"라고 한마디만 해주면 문제가 해결된다고 합니다. 그만큼 공감의 힘이 크다는 사실을 깨닫습니다. 가정을 살리는 비결은 논리적 공박이 아니라 공감하는 한마디라는 사실을 잊지 않게 하여 주옵소서.

우리가 대화할 때 하나님, 함께하여 주옵소서. 내 가치관을 앞세워 상대방의 행동을 비난하거나 정죄하지 않게 하옵소서. 이해되지 않을 때는 용납하게 하시고, 납득할 수 없을 때는 복종하게 하옵소서. 잣대를 들이대기 전에 그의 상황과 감정을 헤아리는 마음을 허락하여 주옵소서. 서로를 헐뜯는 대화, 상처 입히는 대화를 고치시고, 서로를 살리는 대화, 사랑이 넘치는 대화를 할 수 있게 하옵소서.

예수님의 이름으로 기도합니다. 아멘.

"그러므로 너희는 하나님이 택하사

거룩하고 사랑 받는 자처럼 긍휼과 자비와 겸손과

온유와 오래 참음을 옷 입고"(골 3:12).

진짜 사랑은 셈하지 않습니다

♣ 묵상

가정에 필요한 것은 돈이 아닌 사랑입니다. 자녀에게 필요한 것은 엄마의 학원 정보력이 아니라 아빠와 엄마의 사랑입니다. 자기식대로 사랑하고 그것을 받으라고 요구하기 때문에 가정이 병듭니다. 얼마나 많은 상처를 사랑이라는 미명 아래 주고 받습니까?

♣ 기도

어떤 사람은 "내가 당신한테 얼마를 벌어다 줬는데 이렇게 대해?" 합니다. "내가 당신을 위해 한 희생이 얼마인데 돌아오는 게 이것뿐이야?" 합니다. 마치 하나님 앞에서 "내가 주님한테 얼마나 열심을 쏟아부었는데 주시는 것이 이런 병입니까?" 하고 따지는 것 같습니다. 그러나 이것이 죄인의 사고방식임을 알게 하여 주옵소서.

하나님의 사랑은 셈하는 사랑이 아님을 믿습니다. 내

가 얼마를 벌고 얼마를 썼든 하나님의 가정에서는 중요치 않습니다. 참 부모는 자식에게 "내가 너를 위해 얼마를 썼는데 고작 받아오는 시험 점수가 이 정도니?" 하지 않습니다. 우리에게 필요한 것은 사랑이지 돈이 아님을 깨닫게 하여 주시니 감사합니다. 진짜 사랑은 주어도 주어도 더 주고 싶은 마음임을 우리가 잊지 않게 하여 주옵소서.

예수님의 이름으로 기도합니다. 아멘.

"병든 자를 고치며 죽은 자를 살리며

나병환자를 깨끗하게 하며 귀신을 쫓아내되

너희가 거저 받았으니 거저 주라"(마 10:8).

지는 게 이기는 겁니다

♣ 묵상

부부 사이에 이기고 진다는 표현은 적절하지 않습니다. 그러나 굳이 그런 표현을 써야 한다면, '한 10년 져 주십시오.' 더 많이 사랑하는 사람이 늘 져 주는 법입니다. 더 많이, 더 깊이 사랑해 보십시오. 마침내 이기는 줄도 모르고 이긴 인생이 되어 있을 것입니다.

♣ 기도

주님은 한 몸을 이루라고 우리를 만나게 하셨는데, 우리는 서로를 어떻게든 이기려고 합니다. 내 의견을 관철시키려 하고, 상대방이 먼저 사과하기를 기다립니다. 마치 법정에서 변호사들이 서로 논쟁하듯, 우리도 '누가 옳은가'를 따지는 데 에너지를 쏟아붓습니다. 그런데 주님, 그렇게 이기고 나면 정작 남는 건 공허함뿐입니다. 팔이 다리를 향해 왜 일하지 않고 걷고 뛰기만 하느냐고 공격한들 그 지체가 건강할 수 있겠습니까? 승리의 기쁨이 아니라 관계의 상처만 남는 이 어리석음에서 저희를 건져 주옵소서.

우리에게 지는 지혜를 주옵소서. 먼저 사과하고, 먼저 안아 주고, 먼저 양보하는 사람이 되게 하옵소서. 그것이 약함이 아니라 더 깊은 사랑의 표현임을, 그리고 그것이 결혼 생활에서 '이기는' 사랑임을 깨닫게 하옵소서.

예수님의 이름으로 기도합니다. 아멘.

"… 너희 중에 누구든지 크고자 하는 자는 너희를 섬기는 자가 되고

너희 중에 누구든지 으뜸이 되고자 하는 자는

너희의 종이 되어야 하리라"(마 20:26b-27).

사랑하면 어른이 됩니다.

사랑한다는 것은 '내'가 기준이 아니고
'당신'이 기준 되는 삶입니다.

당신이 소중하니까
당신을 배려하는 삶이
어른스러워지는 삶입니다.

말씀의 반석 위에 가정을 세우십시오

♣ 묵상

독설을 내뱉는 배우자 때문에 힘듭니까? 아침마다 부부가 성경을 10분이라도 함께 읽어 보길 권합니다. 입에서 좋은 말이 나오도록 정화하고 훈련하기 위해서입니다. 그렇게 1년 정도 꾸준히 해 보면, 기적을 경험하게 될 것입니다. 말이 바뀌어야 가정이 바뀝니다.

♣ 기도

주님의 말씀은 생명이고 치유입니다. 주님의 말씀은 살아 있고 활력이 있어 우리의 마음과 생각을 감찰하며 변화시킵니다. 그 말씀은 어둠을 밝히는 빛이며, 병든 관계를 회복시키는 능력입니다. 주님, 말씀이 가진 그 놀라운 능력을 찬양합니다.

우리가 세울 가정이 말씀의 반석 위에 세워지기를 소망합니다. 그 어떤 고난이나 풍파가 닥쳐와도 헤쳐 나갈 힘과 지혜가 말씀에 있음을 믿습니다. 무엇보다 우리가 매일 아침 함께 성경을 펴고 주님의 음성을 듣게 하옵소서. 그 말씀에 순종하게 하옵소서. 말씀이 우리 마음을 부드럽게 하고, 입술을 주장하게 하옵소서. 우리 입술에서 흘러나오는 말들이 서로를 세우는 말, 격려하는 말, 축복하는 말로 가득하게 되기를 원합니다.

예수님의 이름으로 기도합니다. 아멘.

"하나님의 말씀은 살아 있고 활력이 있어 좌우에 날선 어떤 검보다도 예리하여

혼과 영과 및 관절과 골수를 찔러 쪼개기까지 하며

또 마음의 생각과 뜻을 판단하나니"(히 4:12).

믿음은 역경 앞에서 드러납니다

♣ 묵상

좋은 일만 있을 때는 믿음이 잘 드러나지 않습니다. 모든 일이 순조롭게 풀리는데, 믿으면 어떻고 또 안 믿으면 어떻습니까? 그러나 감당할 수 없는 고난이나 역경 앞에 섰을 때, 인생의 중차대한 선택의 갈림길에 섰을 때, 어떤 선택을 하느냐로 믿음이 드러납니다.

♣ 기도

모든 것이 잘 풀릴 때는 믿음이 있다고 착각합니다. 건강하고, 직장이 안정적이고, 경제적으로 여유가 있을 때는 주님을 찬양하며 감사 기도를 드립니다. 그러나 감사할 만한 일이 있을 때 감사하는 것이 무슨 믿음이라 할 수 있겠습니까? 폭풍이 몰아칠 때, 세상 유혹 앞에 섰을 때, 앞이 보이지 않고 막막할 때 우리의 진짜 믿음이 드러난다는 사실을 기억하게 하옵소

서. 우리 가정에 고난이 닥칠 때 주님께 납작 엎드리
게 하옵소서.

어둠 속에서도 주님을 신뢰하고, 이해할 수 없는 상
황 속에서도 주님이 모든 것을 주관하고 계심을 믿고
나아가게 하옵소서. 순조로울 때뿐 아니라 모든 것이
무너져 내릴 때도 주님만이 우리의 반석이시요 피난
처이심을 고백합니다. 우리가 어떤 순간에도 세상 방
식이 아니라 주님 방식을 선택하는 믿음을 주옵소서.
예수님의 이름으로 기도합니다. 아멘.

"하나님은 우리의 피난처시요 힘이시니

환난 중에 만날 큰 도움이시라"(시 46:1).

문제 해결보다 아픔을 나누는 게
우선입니다

♣ 묵상

문제가 생겼을 때 원인을 분석하고 책임 소재만 따진다면, 그건 가족이 아니라 이해관계로 맺어진 집단에 불과합니다. 가족의 최우선은 문제 해결이 아니라 문제로 인해 괴로워하는 가족과 아픔을 함께 나누는 것입니다.

♣ 기도

하나님은 결코 우리를 홀로 살아가게 창조하지 않으셨습니다. 아담이 홀로 있는 것이 좋지 않아 보여 하와를 창조하셨고, 가정이 홀로 서 있기 힘드니 교회를 세우셨습니다. 그러므로 우리는 가족으로서, 교회로서 서로 연합해야 함을 기억하게 하옵소서. 둘 중 한 사람이 낙심하여 주저앉더라도 서로 위로하고 격려하며 함께 기도하면 다시 일어설 수 있음을 믿습니다.

혹시 우리가 세상에서 정의하는 이상적인 관계의 조건을 들어 서로를 탓하고 있지는 않았는지 돌아봅니다. 배우자와 자녀에게 더 잘해라, 더 좋은 점수를 받아와라 다그친 것을 회개합니다. 가족은 서로를 품고 마음과 영혼을 들여다보는 관계임을 깨닫게 하옵소서. 어려움을 겪을 때 함께 이겨 내라고 주신 선물이 가족임을 잊지 않게 하옵소서.

예수님의 이름으로 기도합니다. 아멘.

"만일 한 지체가 고통을 받으면 모든 지체가 함께 고통을 받고

한 지체가 영광을 얻으면 모든 지체가 함께 즐거워하느니라"(고전 12:26).

배우자 덕에 사람다운 사람이 되었습니다

♣ 묵상

시간이 흐른다고 고생이 저절로 줄어들진 않습니다. 그러나 결국에는 할 만한 고생이었다는 것을 깨닫게 됩니다. 배우자 덕분에, 가족 덕분에 비로소 사람다운 사람이 되었다고 고백하게 됩니다. 결혼이 사람을 하나님의 형상대로 지어진 원래의 모습으로 빚어 가기 때문입니다.

♣ 기도

고난의 한복판에서는 소망이 좀처럼 보이지 않습니다. 이 고난이 영원할 것만 같아 참 평안이 없습니다. 그럴 때 절망하고 낙심하여 넘어지지 않게 붙들어 주옵소서. 하나님은 고난을 사용해 우리의 연약함을 다루시고, 모난 부분을 갈아 내시며, 사람다운 사람으로 빚어 가시는 분임을 알게 하옵소서. 결혼은 두 사람이 함께 주님 손에 빚어지는 과정임을 깨닫게 하옵소서.

어두운 밤이 지나면 반드시 새벽이 찾아오듯, 인생의 숱한 어려움에도 결국 끝이 온다는 사실을 기억하게 하옵소서. 어둠을 통과한 터널 끝에는 이전과는 전혀 다른 소망이 기다리고 있음을 믿습니다. 좀 더 성숙한 나, 좀 더 서로를 이해하고 보듬어 줄 수 있는 우리를 기대합니다. 사랑이 더 깊어지고, 책임감으로 더 단단해지고, 함께함으로 더 온전해지는 은혜를 누리게 하옵소서.

예수님의 이름으로 기도합니다. 아멘.

"내 형제들아 너희가 여러 가지 시험을 당하거든 온전히 기쁘게 여기라

이는 너희 믿음의 시련이 인내를 만들어 내는 줄 너희가 앎이라"(약 1:2-3).

사랑하면

이해하지 못할 사람이 없고,

미워하면

이해되는 사람이 없습니다.

두려우면 믿지 않은 사람이 없고,

평안하면 미운 사람이 없습니다.

결국은 내가 만드는 세상입니다.

Q

내가 가정 안에서 만들고 있는 세상은 어떻습니까?

사랑입니까, 미움입니까, 두려움입니까, 평안입니까?

memo

8

천국의 가정에서
드리는 기도

나이드는 것도 하나보다 둘이 낫습니다

♣ 묵상

가정은 홀로 외로이 나이들기보다, 둘이 함께 성장하고 성숙해 가면서 아름답고 향기롭게 하시는 하나님의 배려입니다. 나이들수록 함께 하는 삶이 더 풍성해지도록 정원 돌보듯 가정을 가꾸어야 합니다.

♣ 기도

인간은 한 치 앞을 내다보지 못합니다. 20대 때는 젊음이 영원한 줄 알고 바벨탑을 쌓습니다. 그럼에도 우리가 서로를 알아보고 사랑하게 하시고, 가정을 세우게 하심을 감사합니다. 시작은 청춘의 서툰 감정이었을지라도 시간이 흐르며 우리의 사랑이 더욱 무르익어 가기를 원합니다. 때로는 시들해지고 지치기도 하겠지만, 이 모든 과정이 함께 성장하고 성숙해 가는 여정이 되게 하옵소서.

포도주가 오랜 시간 숙성되어 깊은 맛을 내듯, 우리

의 관계도 세월과 함께 깊어지고 진해지고 있음을 깨닫게 하옵소서.

젊음의 화려함은 사라져도, 서로를 향한 이해와 배려와 온유함은 더욱 깊어지게 하옵소서. 아름답게 나이 들게 하옵소서. 천국 소망을 품고 끝까지 잡은 손 놓지 않고 주님 향해 걸어가게 하옵소서. 그리하여 우리 자녀들에게 믿음의 유산을 남기게 하여 주옵소서. 예수님의 이름으로 기도합니다. 아멘.

"그는 늙어도 여전히 결실하며

친액이 풍족하고 빛이 청청하니"(시 92:14).

삶의 목적과 방향을 놓치지 마세요

♣ 묵상

부부가 삶의 목적과 방향을 놓치면, 서로 탐욕과 욕정에 눈이 멀 수 있습니다. 신앙의 기초가 없으므로 힘을 합쳐서 죄를 저지르는 부부가 얼마나 많은지 모릅니다. 두 사람이 머리를 맞대고 기껏 이루어 낸 결과가 죄의 길이라니 안타깝지 않습니까?

♣ 기도

진정한 교회는 바벨탑을 쌓지 않습니다. 키 높이의 제단을 쌓을 뿐입니다. 우리 가정이 바벨탑이 아니라 제단을 쌓게 하옵소서. 많은 사람이 부러워하는 가정도 아니요, 알아주는 가정도 아니고, 그저 하나님 안에서 안식하는 가정, 온전히 회복과 치유를 경험하는 가정이 되게 하옵소서.

무엇보다 우리 부부에게 올바른 목적과 방향을 주옵소서. 두 사람이 함께 추구해야 할 것은 재물의 축적이 아니라 주님 나라의 확장임을 다시금 마음에 새깁니다. 우리가 힘을 합쳐 이루어야 할 것은 세상에서의 화려한 성공이 아니라 이웃을 섬기는 삶, 다음 세대를 세우는 일, 정의와 공의를 실천하는 것임을 기억하게 하옵소서. 부부가 함께 기도하고, 함께 말씀을 읽으며, 함께 주님의 뜻을 분별하는 가정이 되게 하옵소서.

예수님의 이름으로 기도합니다. 아멘.

"돈을 사랑함이 일만 악의 뿌리가 되나니

이것을 탐내는 자들은 미혹을 받아 믿음에서 떠나

많은 근심으로써 자기를 찔렀도다"(딤전 6:10).

아름답게 늙어 가는 비결은 아가페입니다

♣ 묵상

결혼이 무엇입니까? 두 사람이 서로의 잘못과 허물을
가려 주고 덮어 주는 아가페의 사랑을 통해 시간이
흐를수록 더 아름답고 성숙한 인격으로 빚어져 가는
과정 아니겠습니까? 그런데 부부가 갈수록 악해지고,
어리석고 미련한 인간으로 추락해서야 되겠습니까?

♣ 기도

황혼이혼이다, 졸혼이다 말이 많은 시대입니다. 젊어
서는 자식 때문에 상대의 허물을 참고 살다가 나이가
들어 끝내는 갈라서고 마는 결혼에서 어떤 복됨도 찾
아보기가 어렵습니다. 결혼을 하고 해를 거듭할수록
서로에게 더 해를 끼치고 악을 실천한다면 너무나 불
쌍한 인생이 아니겠습니까? 우리가 서로의 허물을 가
리고 덮어 주는 아가페의 사랑을 날마다 연습하게 하
시고, 그 사랑 안에서 그리스도의 장성한 분량까지

자라 가는 성숙한 부부가 되게 하옵소서.

주님이 주신 아가페 사랑을 묵상합니다. 십자가에서 보여 주신 주님의 무조건적인 사랑, 일방적인 헌신, 끝없는 용서를 기억하게 하옵소서. 그 사랑을 우리가 서로에게 실천하게 하옵소서. 1만 달란트 탕감받은 자의 마음으로 성숙한 사랑을 하게 하옵소서. 주님, 우리가 세월과 함께 아름답게 익어 가게 하옵소서. 예수님의 이름으로 기도합니다. 아멘.

"그리스도의 평강이 너희 마음을 주장하게 하라

너희는 평강을 위하여 한 몸으로 부르심을 받았나니

너희는 또한 감사하는 자가 되라"(골 3:15).

서로에게 등대가 되어 주세요

♣ 묵상

두 사람이 함께함으로써 인생의 기쁨을 누리고, 세상에 빛을 던지게 되길 축복합니다. 부부가 힘을 합쳐 악으로 치닫지 않으려면, 배우자가 예수님과 사랑에 빠지도록 도우십시오. 배우자가 나보다 예수님을 더 사랑하게 되는 것보다 더 큰 행복은 없습니다.

♣ 기도

어둠으로 가득한 세상에 주님은 빛으로 오셨습니다. 우리 인생이 사방으로 욱여쌈을 당하고 앞이 캄캄하더라도 주님이라는 빛이 비추기 시작하면 생명력이 넘치고 치유와 회복이 일어남을 고백합니다. 우리가 세워 나가는 가정이 세상에 사랑의 빛을 비추게 하옵소서. 분열과 갈등으로 가득한 세상입니다. 서로를 헐뜯고 망하게 하는 가짜 뉴스가 가득합니다. 그러나 세상 풍토에 휩쓸리지 않게 하시고, 주님 말씀으로 굳게 서게 하옵소서.

무엇보다 우리가 서로에게 주님을 드러내고 보여 주는 등대가 되게 하옵소서. 어떻게 사람이 매 순간 곧은 길만 갈 수 있겠습니까? 때로는 위태로운 길 위에서 휘청거릴지라도, 끝까지 주님 손을 놓치지 않게 붙잡아 주고 격려하는 동역자가 되게 하옵소서.

예수님의 이름으로 기도합니다. 아멘.

"한 사람이면 패하겠거니와 두 사람이면 맞설 수 있나니

세 겹 줄은 쉽게 끊어지지 아니하느니라"(전 4:12).

사랑은 수치를 겪습니다.

그러나 괜찮습니다.

내가 더 중요하지 않기 때문입니다.

사랑은 어려움을 겪습니다.

그러나 괜찮습니다.

당신이 더 중요하기 때문입니다.

주님이면 충분합니다

♣ 묵상

믿지 않는 배우자라면 예수님을 알게 하십시오. 이것이 그를 가장 사랑하는 길입니다. 배우자가 나보다도 예수님을 더 사랑하면, 부부의 인생에는 문제가 하나씩 사라지게 될 것입니다. 부부가 주님으로 충분하면 더 이상 목마르지 않고 허기지지 않기 때문입니다.

♣ 기도

모든 가정의 문제는 주님을 모시지 않은 데에서 시작합니다. 주님 주시는 마음으로, 낮은 자의 자리에서 모든 허물을 덮어 줄 수 있다면 무엇이 문제가 되겠습니까? 악을 향해 치닫더라도 주님을 우리 마음에 모시면 그 안에 빛과 소망이 깃드는 변화를 경험하게 될 줄 믿습니다.

내 배우자가 나보다 주님을 더 사랑하게 하옵소서. 우리가 만나 얻게 된 가장 큰 복은 서로를 알아본 것도, 가정을 세운 것도 아니요, 주님을 만나고 사랑하게 된 일임을 고백합니다. 주님을 사랑하는 사람은 이기적이지 않고, 온유하며, 용서할 줄 알고, 섬길 줄 압니다. 우리가 서로에게 주님 자녀로서 사랑을 실천하게 하옵소서. 세상 유혹과 탐욕을 끊어 내고 주님 자녀로 거듭나게 하옵소서. 우리가 주님 사랑 안에서 사랑할 때 모든 문제가 사라지고 참 평안에 이르는 놀라운 은혜를 경험할 줄 믿습니다.

예수님의 이름으로 기도합니다. 아멘.

"나의 하나님이 그리스도 예수 안에서 영광 가운데
그 풍성한 대로 너희 모든 쓸 것을 채우시리라"(빌 4:19).

하나의 비전을 품으세요

♣ 묵상

부부가 하나님이 주시는 비전을 품고 함께 나아가면, 상상도 하지 못한 놀라운 일들이 이루어지는 통로가 된다는 사실을 믿으십시오. 믿음은 바라는 것들의 실상이요 보이지 않는 것들의 증거입니다(히 11:1).

♣ 기도

성경 속 많은 부부를 생각합니다. 아브라함과 사라는 함께 믿음의 여정을 걸으며 믿음의 조상이 되었고, 아굴라와 브리스길라는 함께 복음을 전하며 초대교회를 세웠습니다. 그들도 처음엔 평범한 부부였지만, 주님의 비전을 품고 순종했을 때 하나님 나라의 위대한 일꾼이 되었습니다.

우리 부부도 그렇게 살기를 원합니다. 한마음으로 한 비전을 품고 한 방향으로 나아가게 하옵소서. 그 비전이 때로는 거창하고 불가능해 보여도, 주님이 함께하시면 능히 이룰 수 있음을 믿고 나아갑니다. 우리를 통해 누군가가 위로받고, 회복되며, 주님을 만나게 하옵소서. 우리 가정이 단순히 우리만의 안락한 둥지가 아니라, 주님 사랑이 흘러가는 통로가 되게 하옵소서. 두 사람이 함께 기도하고 순종하며 나아갈 때, 상상도 못한 놀라운 일들이 이루어질 줄 믿고 기대합니다.

예수님의 이름으로 기도합니다. 아멘.

"예수께서 그들을 보시며 이르시되 사람으로는 할 수 없으나

하나님으로서는 다 하실 수 있느니라"(마 19:26).

가정에서 믿음을 다져야 합니다

♣ 묵상

우리 신앙은 가정에서부터 시작되어야 합니다. 교회 주일학교가 가정예배를 대신할 수 없고, 교역자의 신앙이 부모 신앙을 대체할 수 없습니다. 가정에서부터 반석 같은 믿음을 다지지 않으면, 우리는 위선적인 종교인으로 전락하게 될 것입니다.

♣ 기도

겉으로 하는 치장은 어렵지 않습니다. 정말 어려운 것은 그 치장을 다 걷어 냈을 때조차 아름다울 수 있느냐입니다. 주님, 오늘 제 신앙을 점검하기 원합니다. 주일이면 가족과 함께 가장 좋은 옷으로 차려입고 교회에 가서 경건한 모습으로 예배드리지만, 가정으로 돌아와서는 서로를 물어뜯고 상처입히고 있지는 않습니까?

우리 가정이 신앙의 훈련장이 되게 하옵소서. 상대

의 티를 보고 빼내라 강요하기 전에 내 눈 속에 든 들보를 보게 하옵소서. 교회에서 배운 사랑과 용서와 섬김을 가정에서 가장 먼저 실천하게 하옵소서. 식탁에서 함께 기도하고, 거실에서 함께 말씀을 나누며, 침실에서 서로를 위해 중보하게 하옵소서. 그리하여 우리 가정이 세상을 향한 복음의 증거가 되게 하옵소서.

예수님의 이름으로 기도합니다. 아멘.

"어찌하여 형제의 눈 속에 있는 티는 보고

네 눈 속에 있는 들보는 깨닫지 못하느냐"(마 7:3).

253

시대를 뚫고 나갈 힘은 가정에서 나옵니다

♣ 묵상

하나님이 교회보다 먼저 선물로 주신 가족의 힘, 가정의 능력을 경험하지 않고서는 이 어려운 시대를 뚫고 나가기가 어렵습니다. 사탄은 태초부터 지금까지 가정을 허무는 일에 전력을 다합니다. 교회가 가정을 든든히 붙들지 못하면 결국에는 둘 다 무너집니다.

♣ 기도

우리에게 가정을 허락하신 하나님의 지혜를 찬양합니다. 교회를 세우기 전에, 율법을 주시기 전에, 주님은 먼저 한 남자와 여자를 만나게 하시고 가정을 이루게 하셨습니다. 우연이 아닌 하나님의 놀라운 계획이셨음을 믿습니다.

주님, 시대가 참으로 어렵습니다. 경쟁은 점점 더 치열해지고, 미래는 불확실하며, 외로움은 깊어만 갑니다. 그러나 주님, 저희에게는 가정이 있습니다. 힘들

때 돌아갈 집이 있고, 지칠 때 기댈 어깨가 있으며, 쓰러질 때 일으켜 줄 사람이 있습니다. 우리 가정이 세상의 풍랑을 견디는 피난처가 되게 하시고, 상처받은 마음을 치유하는 안식처가 되게 하옵소서. 주님이 가정에 담아 두신 회복의 능력, 사랑의 능력을 날마다 경험하게 하옵소서. 가정이 든든한 사람은 세상의 어떤 풍랑도 이겨 낼 수 있음을 믿습니다.

예수님의 이름으로 기도합니다. 아멘.

"여호와의 이름은 견고한 망대라

의인은 그리로 달려가서 안전함을 얻느니라"(잠 18:10).

힘들더라도 끝까지 가십시오

♣ 묵상

믿음의 길을 선택한 이상 흔들리지 마십시오. 아무리 어렵고 힘들더라도 끝까지 가십시오. 좁은 길이라도 기쁘게 가십시오. 우리가 "알지 못하는 크고 은밀한 일"(렘 33:3)들을 그 길 위에서 보게 될 것입니다. 믿음의 선택은 영원의 선택입니다.

♣ 기도

주님은 우리에게 "좁은 문으로 들어가기를 힘쓰라"(눅 13:24)고 하셨습니다. 멸망으로 인도하는 문은 크고 길이 넓어 들어가는 자가 많지만, 생명으로 인도하는 문은 좁고 길이 협착하여 찾는 자가 적다고 하셨습니다(마 7:13-14). 주님, 우리가 믿음의 길을 선택했습니다. 세상 사람들이 가는 넓은 길이 아니라, 주님이 보여 주신 좁은 길을 함께 걷기로 결단했습니다. 때로 이 선택이 나를 옭아매는 것처럼 느껴지더라도, 그것이 생명으로 이어지는 길임을 잊지 않게 하옵소서.
우리에게 끝까지 갈 수 있는 힘을 주옵소서. 중간에
포기하지 않게 하시고, 넘어져도 다시 일어서게 하옵
소서. 우리가 서로 맞잡은 손을 끝까지 놓지 않고 이
믿음의 길을 기쁘게 걸어가게 하옵소서.
예수님의 이름으로 기도합니다. 아멘.

"… 너희가 섬길 자를 오늘 택하라

오직 나와 내 집은 여호와를 섬기겠노라 하니"(수 24:15b).

당신을 통해 하나님을 볼 것입니다

♣ 묵상

믿음의 길을 끝까지 걸으시기를 바랍니다. 당신이 온갖 어려움 속에서 고군분투하면서도 신앙을 잃지 않는 모습을 본 누군가가 하나님을 선택할 수 있습니다. 당신의 중심에 하나님이 계시면 당신이라는 존재 자체가 이 땅의 빛이요 소금입니다.

♣ 기도

천국의 모델하우스가 우리 가정이 되게 하옵소서. 보이지 않는 하나님 나라를 어떻게 볼 수 있겠습니까? 하나님이 세우신 이 땅의 가정 공동체야말로 이 땅에 임하신 하나님 나라임을 믿습니다. 물론 그렇다고 해서 가정에 고난이 없다는 말이 아님을 압니다. 파도가 멈추는 날, 바람이 잦아지는 날이 오겠습니까? 파도가 쳐야 바다에 생명이 깃들고, 바람이 불어야 배가 움직인다는 사실을 기억하게 하옵소서.

우리는 연약하지만 주님은 강하십니다. 주님이 우리 가정의 반석 되셔서 넘어지더라도 아주 엎어지지 않게 언제나 붙들어 주옵소서. 우리가 꿋꿋하게 기쁨으로 주님의 길을 따를 때 세상을 놀라게 하는 공동체로 성장하게 될 줄 믿습니다. 우리를 통해 주의 영광을 나타내시옵소서. 우리 믿음의 여정이 다른 이들에게 생명의 길안내 표지판이 되게 하옵소서. 끝까지 기쁘게 이 길을 걸어가게 하옵소서.

예수님의 이름으로 기도합니다. 아멘.

"우리가 선을 행하되 낙심하지 말지니

포기하지 아니하면 때가 이르매 거두리라"(갈 6:9).

지옥 만드는 방법은 간단합니다.

가까이 있는 사람 미워하면 됩니다.

천국 만드는 방법도 간단합니다.

가까이 있는 사람 사랑하면 됩니다.

모든 것이 다 가까이에서 시작됩니다.

Q

우리 가정이 천국 같다고 느꼈던 순간, 지옥 같다고

느꼈던 순간을 적어 보세요.

가까운 내 식구를 사랑하기로 작정합니까?

memo

결혼은 한마음으로

하나님의 원대한 꿈을

이루어 가는 과정입니다.